방법을 철학한다

이광래 지음

방법을 철학한다
해체에서 융합으로

초판발행 · 2008. 07. 31.
초판 2쇄 · 2009. 09. 10.
지은이 · 이광래
펴낸이 · 지미정
펴낸곳 · 知와 사랑
서울시 마포구 합정동 355-2
전화 (02)335-2964
팩시밀리 (02)335-2965
등록번호 제10-1708호
등록일 1999. 6. 15.

ISBN 978-89-89007-37-1

값 10,000원

www.jiwasarang.co.kr

방법을 철학한다

이광래 지음

Introduction to the Philosophy of Method
Deconstruction to Convergence

해체에서 융합으로

知와 사랑

머리말

지금 왜 방법인가? 방법은 왜 철학의 문제인가? 철학은 지금, 왜 방법을 문제 삼으려 하는가? '방법을 철학한다'는 것은 철학이 왜 방법인지, 그리고 철학하는 방법이 무엇인지를 밝히려는 시도이다. 그것은 이른바 '**방법철학**(philosophy of method)'의 단초이기도 하다. 이를 위해 저자는 이 책에서 '지금, 그리고 왜' 새삼스럽게 방법에 대해 철학으로 되새김질하려는지를 이야기해보고자 한다.

엄밀히 말해 철학이나 사상의 역사에 전혀 새로운 것이란 없다. 철학이나 사상에서 창조와 창발, 창의와 창견을 기대하기란 애초부터 불가능하기 때문이다. 실제로 수많은 사유의 표현형들(phénotypes)은 단지 사유방법이나 관점만을 달리하며 지금까지 철학/사상의 역사를 이어오고 있다고 해도 과언이 아니다. 미래를 장식할 철학/사상이 그 표현의 조건을 달리할 수 없는 이유도 마찬가지다. 철학과 사상에서도 유전자형(génotype)이 없는 표현형의 출현을 기대할 수 없기 때문이다.

사유작용의 결과로 얻어진 철학과 사상은 시공을 초월할 수 있지만 사유방법은 그렇지 않다. 인간의 사유방법은 누구의 것이라도 시간과 공간의 구속을 받게 마련이다. 시대가 바뀌면 생각하는 방법도 달라진다. 시대가 변하면 관점도 바뀐다.

저마다의 세계관이 달라지는 것이다. 상이한 사유방법의 흔적들이 철학과 사상의 파노라마를 이루는 것도 그 때문이다. 철학사나 사상사가 사유방법의 박물관이고, 그 진화의 전시장인 까닭도 마찬가지다.

모든 역사는 인간의 욕망을 자기부정하며 진화한다. 자기부정적 진화가 역사의 게임법칙인 것이다. '사건으로서의 역사'가 부정의 방법과 반역의 논리로 이루어진다면 '기록으로서의 역사'는 부정의 대가이고 반역의 보상인 셈이다. 따지고 보면 모든 역사는 인간의 욕망이동사다. 욕망의 이동성과 지향성이 역사를 이탈과 반역의 유혹에 빠져들게 한다. 끊임없이 이동하려는 유목욕망이 정체의 권태를 거부하기 때문이다. (정체에) 반역함으로써 이를 극복하려는 것도 같은 이유이다. 수많은 부정들이 역사적 사건이 되고 역사의 신기원이 되는 까닭도 다르지 않다.

부정되지 않은 현재는 미래가 아니다. 미래가 현재와 다를 수밖에 없는 것도 그 때문이다. 그러므로 미래는 언제나 또 다른 플러스 울트라(그 너머의 세상)로 다가오고 있다. 자신도 모르게 이미 들어와 버린 '그 너머의 세상', 디지털 판타지가 바로 그곳이다. 우리는 이미 다양한 가상현실의 다리들(cyber-bridges)을 건너 그곳에 와 있다. 아날로그적 시공의 해체와 거리의 소멸로써 확장된(augmented) 그곳에서는 실제현실의 사유방법인 선형적 통섭統攝이 전혀 통하지 않는다. 모두/모든 것이 비선형적 **통섭**通攝으로 융합하기 때문이다. 거기서는 **통섭적**通攝的 유목만이 대항방법(counter-method)이 되어 전방위로 횡단할 뿐이다.

   이 책,『방법을 철학한다』는 앞으로 쓰게 될『욕망이동사』의 프롤로그이다. 또한 저자는 그것의 에필로그로서『**통섭**通攝이론의 철학』을 준비하고 있다. 욕망과 방법을 사유의 켤레로 묶는 작업도 거기에 이르면 끝나게 될 것이다. 그러므로 이 책은 저자의 철학적 순례지인, 이른바 '**욕망의 철학**'에로 독자들을 인도하기 위한 길잡이나 다름없다.
   사유는 문자로 태어나지만, 그것의 의미공간은 지면紙面이다. 그것은 태아의 출생처럼 세상에 나오는 순간 그 지면 위에서 모두와, 그리고 모든 것과 소통한다. 모든 텍스트의 출현은 그것이 곧 인터페이스의 시작이기 때문이다. 이 점에서 출판은 위대하고 출판인의 역할 또한 지대하다. 지미정 사장님과 그 식구들의 정성과 노고에 대해 저자가 남기고 싶은 말도 그것뿐이다.

2008. 6. 이 광 래

차례

머리말 5

제1장 방법이란 무엇인가?

    1. 방법이란 무엇인가? … 12

        1 | 방법과 존재 … 12

        2 | 방법과 지식 … 16

        3 | 방법과 권력 … 22

        4 | 방법과 문화 … 26

        5 | 방법과 반방법 … 36

    2. 사상과 방법 … 39

        1 | 욕망의 로고스화 … 39

        2 | 방법적 사유 유형들 … 41

제2장 방법사로서의 사상사

    1. 사상사를 어떻게 볼 것인가? … 51

        1 | 사상사는 방법사다. … 55

        2 | 방법사는 반역의 역사다. … 65

    2. 방법사로서의 사상사 … 73

        1 | 사상사의 방법과 징후 … 73

        2 | 방법사의 방법과 징후 … 87

제3장 방법 — 다시 철학하기

1. 언어의 오염과 진화 — 통섭統攝과 통섭通攝 … 136

   1 | 통섭統攝은 이데올로기인가 강박증인가? … 137

   2 | 통섭通攝은 융합이다. … 144

2. 새로운 표현형 — 융합과 인터페이스 … 148

   1 | 횡단성의 변화 : 일방에서 전방으로 … 148

   2 | 융합과 인터페이스 … 152

3. 레테 강과 다리의 역사 … 158

   1 | 이동욕망과 욕망의 다리 … 158

   2 | 미래의 다리 : 지상에서 가상으로 … 161

맺음말 … 165

주 … 169

참고 문헌 … 177

인명 색인 … 180

사항 색인 … 184

| 제1장 |

방법이란 무엇인가?

그리스어의 meta(따라서)와 hodos(길)라는 어원이 나타내듯이 methodos(방법)는 어떤 목적을 수행하기 위한 조치, 즉 그 수단, 도구, 그것을 실시하는 순서, 그것들에 대한 공부, 그 기술 등 모두를 가리킨다. 특히 여기서 말하는 것은 지식을 획득하기 위한 방법이다. 목적은 지식이므로 방법도 그 지식을 얻기 위한 것이다. 그러므로 방법은 지식을 위한 준비에 그치지 않는다. 방법은 본래 지식의 본부이 되는 것이다.
—『哲學事典』, 平凡社

(방법이란) 질서에 따른 사고의 수순手順을 말한다. (그것은) 철학, 수학, 의학 등에서 공통으로 사용되는 분해, 분석(해석), 총합(구성) 등의 연구 수속을 총칭할 때 사용된다. …… 16세기 이래 방법개념 가운데 가장 주목할 만한 것은 '분석/총합'이라는 대개념이다. 19세기·20세기에는 '과학방법론'이 추구되었지만, 그 추구는 17세기 방법의 재설·정밀화의 측면이 강하다.
—『哲學·思想事典』, 岩波書店

1
방법이란 무엇인가?

 방법이란 무엇인가? 인간의 모든 사유와 행위가 방법적인 이유는 무엇인가? 인간은 왜 방법에 집착하는가? 인간은 왜 방법을 천착하려는가? 인간은 무엇 때문에 방법으로부터 자유로울 수 없는가? 인간이라는 존재는 왜 방법구속적方法拘束的인가? 그러면서도 인간이 방법지향적方法指向的 존재인 이유는 무엇인가? 인생이란 왜 애초부터 방법개입적方法介入的일 수밖에 없을까? 결국 인간의 삶이 곧 (존재의) 방법인 까닭은 무엇인가?

 또한 반反방법이란 무슨 의미인가? 반방법은 방법의 반정립 反定立인가 반대의 방법인가? 반방법은 방법의 부정인가 거부인가? 반방법은 무無방법의 방법인가 방법의 부재인가? 반방법은 방법에 대한 무관심인가 무지인가? 아니면 반방법은 방법의 개방인가 불확정인가? 또는 방법으로부터의 자유인가, 방법으로부터의 중립인가? 인간은 왜 반방법을 제기하는가? 인간에게 그것은 또 다른 방법일 수 있을까?

1 | 방법과 존재

 방법은 존재**다**. 방법은 존재를 규정한다. 인간은 '방법적 존재'다. 다시 말해 인간은 방법으로써 존재한다. 존재방법이 존재의미를 규정한다. 그런가 하면 존재는 방법이기도 하다. 존재가 곧 방법의 주체이기 때문이다. 존재는 방법의 집이자 담지체인 것이다. 그 때문에 인간은 존재하려는 방법의 유혹과 욕망 앞에 무기력하다.

인간이란 '욕망하는 존재(l'être désirant)'다. 인간의 욕망은 방법을 갈구한다. 본래 방법과 욕망은 한 몸이다. 그것들은 언제나 분리되지 않는다. 그것들은 상호작용한다. 욕망은 방법으로 내통하고 방법으로 배설된다. 또한 방법은 욕망으로써 존재한다. 그것들은 언제나 내재적으로 상리공생相利共生하려 하기 때문이다.

인간의 욕망은 부단히 작동한다. 스스로 멈추는 법이 없다. 그러면서 욕망은 진화한다. 방법도 마찬가지다. 욕망은 언제나 방법을 욕망하기 때문이다. '**욕망한다**'는 것은 이미 '**방법을 구한다**'는 뜻이다. 인간은 무엇을 궁리하면 그것을 실천하려는(meta), 어떤 욕구가 생겨나면 그것을 충족시키려는 방도方途(hodos)를 찾아내려 한다. 인간은 이성적으로든 감성적으로든, 의식적으로든 무의식적으로든 무엇을 욕망하는 순간 벌써 방법을 찾고 있다. 인간에게는 결국 욕망이 방법인 것이다.

존재는 본래 욕망의 그릇이다. 존재는 유동하는 욕망의 플랫폼platform이다. 리비도(자아 리비도이건 대상 리비도이건)처럼 욕망이라는 에네르기는 거기에서 순환하거나 교차하며 신진대사한다. 다시 말해 욕망은 자신의 플랫폼을 의도한 대로 실현시키기 위해 다양한 방법을 모색한다. 욕망의 창의創意 본능이 마침내 그것들을 고안해낸다. 이렇게 해서 본래 무형無形인 욕망은 방법이 되고, 방법은 욕망의 형形(form)이 된다. '욕망하는 방법(la méthode désirante)'이 (가시적/비가시적) 형으로써 인간의 모든 사고와 행위를 규정하는 까닭도 거기에 있다. 창의적이든 모방적이든 욕망하는 방법이 개입하지 않는 삶과 주체가 있을 수 없는 이유도 마찬가지다.

방법은 생산적/소비적이다. 방법의 본질은 생산에 있다. 방법은 무엇을 만들어내기 위해 존재한다. 원초적으로 인간을 포함한 모든 생명체의 존재방식은 생산방식이나 다름없다. 존재방식은 생산방식과 별개일 수 없다. 예를 들어 유전자(DNA)를 '이기적(selfish)'이라고 하는 생물학적 규정이 바로 그것이다. 일체의 존재를 가능하게 하는 유전자 안에는 존재마다의 욕망하는 방법, 즉 결정론적 방법이 그 존재의 인자因子로서 내재되어 있다는 것이다. 이에 반해 비생산은 방법의 부재를 의미한다. 방법이 없는 생산을 기대할 수 없기 때문이다. 생산하지 않는 방법이 무용지물인 이유도 마찬가지다.

한편 방법은 소비적이다. 방법은 스스로를 소비한다. 방법은 소비됨으로써 존재한다. 방법은 그것 자체가 사용하기 위해 강구되고 활용되는 것이므로 본질적으로 소비적이다. 또한 방법은 욕망을 소비한다. 어떤 욕망도 일정한 방법을 통해 배설하기 때문이다. 방법이 부재하면 욕망은 소비(배설)되지 않는다.

배설되지 않은 욕망은 억압될 뿐이다. '**인간은 배설한다, 그러므로 존재한다.**' 그러나 이 명제도 욕망이 억압되지 않는 경우만이 타당하다.

  방법은 목적지향적이다. 목적이 없는 방법이 없듯이 방법을 강구하지 않는 목적도 없다. 구체적인 목적이 일정한 방법을 낳지만 모든 방법에는 이미 존재론적으로 목적이 내재해 있을 뿐만 아니라 기능적으로 목적의 작동도 표면화를 준비하고 있게 마련이다. 이처럼 방법과 목적은 상호내재적이고 상호작용적이다. 의미론적으로도 목적이 없는 방법은 방方+법法이 아니다. meta+hodos 가운데 어느 한쪽만 결여해도 더 이상 '방법(methodos)'을 의미할 수 없기 때문이다.

  그런가 하면 목적이 없는 욕망도 있을 수 없다. 욕망은 언제나 무엇인가를 지향하기 때문이다. 지향하지 않는 욕망이란 있을 수 없다. 인간의 욕망은 이성지향적, 감성지향적, 가치지향적인가 하면 초월적인 신성을 지향하기도 한다. 그러므로 인간에게 목적과 욕망은 표리에 지나지 않는다. 목적은 지향하는 욕망의 다른 표현이기 일쑤이다. 일정한 목적은 지향하려는 대상이 구체화된 욕망을 가리킨다. 이에 반해 맹목적盲目的은 욕망의 지향점이 구체화되지 않은 상태이다. 따라서 거기에는 방법도 구체화되어 있지 않다. 방법은 부재한 채 그저 욕망만 막연하게 작용할 뿐이다.

  또한 욕망이 표류한다는 것은 목적이 부재하기 때문이 아니라 지향하려는 목적이 표류하기 때문이다. 본래 욕망하는 방법은 수단인 동시에 목적이기도 하다. 그것이 방법의 본질이기 때문이다. 그래서 행위자(agent)로서 인간의 욕망은 목적을 따라가는 길(methodos)을 만들어낸다. 인간의 방법이 합목적적 合目的的인 것도 그 때문이다.

방법은 이념지향적이다. 본래 인간은 homo sapiens이자 homo habilis인 한 방법적 존재일 수밖에 없다. 인간의 방법이 어떤 종種의 것보다 뛰어난 까닭은 인간존재가 homo sapiens이기 때문이다. 인간에게서 '안다'는 것과 '만든다'는 것이 별개일 수 없으므로 양자가 내면적으로 결부되어 있을지라도 전자는 의도적으로 후자에 개입하여 그것을 도구화하고 초월한다. 방법이 초월적 이념(idea)까지 지향하는 것도 그 때문이다. 아무리 소박할지라도 이념이 부재한 방법을 생각할 수 없는 이유도 마찬가지다. 인간이 이념적 존재인 까닭이 거기에 있다.

2 | 방법과 지식

방법은 욕망을 지식으로 파종한다(disséminer). 그러면 방법과 욕망과 지식은 어떤 의미연관을 이룰까? 방법의 다양한 관계사고(Bezhiehungsdenken)가 다양한 지식을 낳는다. 그러면 방법은 지식과 왜 관계사고하려는 것일까?

① 방법은 지식이다.

방법은 지식을 위해 만들어진다. 방법의 목적은 지식이다. 그래서 방법은 언제나 지식에 대해 과정에 있다. 새로운 지식은 새로운 방법으로 탄생한다. 방법의 진보와 진화가 지식의 진보와 진화를 가져온다. 방법이 정체되어 있는 동안 지식도 제자리에 머물러 있다. 방법이 과정적過程的인 까닭이 거기에 있다.

또한 방법은 규정적規定的이다. 방법이 지식을 규정한다. 이성적 방법이 이성적 지식을 만들듯이 경험적 방법은 지식을 경험적으로 규정한다. 어떤 지식이라도 그 범위나 한계, 확실성 등은 그것들을 가능하게 한 방법 너머에 있을 수 없다. 지식에 대해 방법은 그것을 규정하기 위해 만들어지기 때문이다.

그런가 하면 방법은 매개적媒介的 또는 개입적介入的이기도 하다. 방법은 실제로 지식을 규정하며 이미 개입하고 있다. 방법이 개입되지 않은 지식이란 있을 수 없다. 그래서 모든 지식은 방법개입적이다. 주체적 지식이나 객체적 지식도 방법의 개입으로써 출현한다. 방법은 주체와 객체를 규정하고 매개하며 지식을 생산한다.

이처럼 모든 지식은 방법을 통해서 생성된다. 특정한 방법은 특정한 지식을 낳게 마련이다. 그러므로 무엇을 '안다는 것'은 그것을 생성하는 방법을 안다는 것이다. 다시 말해 '**안다**'는 것은 '**방법을 안다**'는 것이다. 예를 들어 모토오리 노리나

가(本居宣長)가 '신의 도道를 안다'는 것은 '모노노아와레(物のあ
われ)를 안다'는 것과 같은 경우이다. 그것은 생각하는 방법들,
즉 바라보는 방법, 이해하는 방법, 해석(분석)하는 방법 등을 안
다는 것이다. 또한 그것은 실천하는 방법들, 즉 표현하는 방법,
조작하는 방법, 만드는 방법, 분해하는 방법 등을 안다는 것이
기도 하다. 그러므로 무지無知는 방법에 대한 무지이다. 생각
하는 방법, 해석하는 방법, 표현하는 방법, 조작하는 방법 등을
모르면 그 내용도, 본질도, 실체도 제대로 이해하기 어렵기 때
문이다.

② 방법은 인간을 주체화한다.

인간은 방법으로써 자신을 주체화한다. 인간은 도모한다. 그
러므로 존재한다. 인간은 욕망을 도모함으로써 존재한다. 다시
말해 욕망은 주체를 무엇이든 하게 함으로써 존재한다. 인간
은 '욕망하는 방법'의 주체로서 존재한다. 욕망의 주체화가 곧
존재방법이다. 방법은 인간을 주체로서 정신현상이나 외부환
경과 대립하게 한다. 예를 들어 지각이 대상물들에 대한 표상
들을 명료하게 통합하고 통일하는 통각작용(apperception)이나
환경과 대립하는 것 모두가 그 시발始發은 욕망하는 방법을 통
해서 이루어진다.

욕망은 정신현상, 사회현상, 종교현상, 자연현상, 문화현상
등 모든 현상에 대한 인식을 발원發源할 뿐만 아니라 인간을

정신환경, 사회환경, 자연환경, 문화환경, 종교환경 앞에 주체로서 마주 세우기도 한다. 욕망은 지적 방법, 예술적(문화적) 방법, 정치사회적 방법, 과학기술적 방법, 종교적(주술적) 방법 등 다양한 방법을 통해서 그것들을 인식하고 그것들과 대립한다. 인간은 그렇게 함으로써 비로소 자기 자신을 주체화하고 대상도 객체화한다.

③ 방법은 욕망을 범주화한다.

지식이란 방법으로써 욕망을 범주화한 것이다. 욕망이 지식의 잠재적 인자형(génotype)이라면 지식은 욕망의 구체적 표현형(phénotype)이다. 흔히 욕망을 세분화하여 성적 리비도인 욕동(pulsion), 생물학적, 생리적 결여에서 생겨나는 욕구(besoin), 그리고 타자와의 관계에서 비롯되는 욕망(désir)으로 구별하듯이 넓은 의미에서 욕망은 그 자체를 규정하거나 제한함으로써 출현한다. 심지어 욕망은 스스로를 억압함으로써 출현하기도 한다. 예를 들면 성적욕동이나 충족욕구 또는 지배욕망은 물론이고 금욕주의 등이 바로 그 규정이나 억압의 결과들이다.

인간의 욕망이란 본래 생명유지와 생존을 위해 필요한 가장 기초적인 정념이자 에네르기이다. 그것은 아직 범주화 이전의 불가분의 형形으로 활동하는 규정되지 않은 원기元氣이다. 그러므로 인간은 여러 가지 방법으로 욕망을 범주화한다. 예를 들어 정신분석의 방법은 욕망을 의식과 무의식으로 범주화한다. 욕망은 (프로이트의 방법에 의해) 리비도libido(애욕)가 되는가 하면, 에로스eros(생명력)가 되고 타나토스thanatos(죽음 충동)가 되기도 한다.

그런가 하면 이성과 감성의 인식론적 방법은 욕망을 의식적으로 범주화한다. 이성적 방법은 욕망을 이성적으로 범주화하는가 하면 감성적 방법은 욕망을 감성적으로 범주화한다. 이성적이건 감성적이건 인식방법은 그 이전의 욕망을 범주화하는 것이다. 이성(또는 방법적 이성)이나 감성(또는 방법적 감성)은 욕망을 지배하고 관리하는 것이 아니라 생존을 위한 기초적인 정념과 에네르기로서의 욕망이 저마다의 방법으로 범주화된 것들이다.

심지어 noesis/noema의 구분도 욕망의 기본적인 범주화 양식 가운데 하나이다. 다시 말해 의식의 기능적 측면이나 작용적 측면을 가리키는 노에시스noesis(의식방법)와 의식의 내면에서 지향적 객관이나 대상을 나타내는 노에마noema(경험대상)의 구분은 욕망을 의식적으로 미시微視 범주화하는 방법의 일환이기 때문이다. 직관과 분석의 방법이 욕망을 범주화하는 경우도 마찬가지다. 직관이 욕망의 직각적直覺的 범주화라면 분석은 욕망의 종합적綜合的 범주화이기 때문이다.

또한 즉자(en-soi)/대자(pour-soi)에 대한 인식도 그와 다르지 않다. 그것들 역시 자기인식을 위해 욕망을 범주화하려는 데서 비롯된 것이기 때문이다. 그것들은 자기 자신에 대해 '욕

망하는 몸'의 바라보기 방식이 낳은 결과들이다. 다시 말해 즉자卽自란 ('자기동일을 위하여') 감각이나 이성에 의한 외관적 인식으로부터 독립한 채 안으로 향하려는 몸의 시선화가 욕망을 범주화한 것이다. 이에 반해 대자對自는 (자기 자신에 대해 '자각적으로 인식하기 위하여') 자기와 대상을 분열한 채 밖으로 향하려는 몸의 시선화가 욕망을 범주화한 것이다.

④ 방법은 욕망을 텍스트화한다.

지식이란 의미작용의 방법으로써 욕망을 텍스트화한 것이다. 특정한 지식은 특정한 의미작용의 방법으로 텍스트화된 욕망이다. 욕망이 지식의 잠재적 텍스트(génotexte)라면 지식은 욕망이 실현된 구체적 텍스트(phénotexte)이다. 불가분의 형形으로서 아직 규정되지 않은 생명의 에네르기로서의 욕망은 초超언어적으로 대상화되면서 비로소 의미화(기호화)된다. 또한 욕망은 그렇게 의미화됨으로써 텍스트가 된다.

예를 들어 기호학이 대상화하는 각종 신호(signal)나 지표(index), 상징(symbol)이나 도상(icon), 청각이나 시각 이미지 image 등과 같은 수많은 시뮬라크르들simulacra이 그것이다. 이렇게 되면 욕망은 초언어적으로 분화한다. 그리고 욕망은 언어적 주체마저 해체한다. 다시 말해 욕망의 텍스트화(또는 기호화)는 개인의 욕망을 대상화된 관계들의 존재망 속에서 상호작용하는 새로운 주체가 되게 한다.

이처럼 방법의 한계는 지식의 한계가 된다. 뿐만 아니라 방법의 확실성만큼 지식도 확실해진다. 지식의 역사와 함께 방법은 발달하고 진화한다. 방법이 발달하면 지식도 발달하듯 방법이 진화하면서 지식도 진화해온 것이다.

3 | 방법과 권력

모든 지식이 권력이듯이 모든 방법 또한 권력이다. 방법도 지식처럼 힘을 가지기 때문이다. 인간은 언제 어디서나 더 좋은 삶을 살아가기 위해 더 좋은 방법을 발견하고 발명하고 생산한다. 또한 누구나 그것을 사용하고 소비한다. 그것은 부단히 강구하려는 '**방법에 대한 의지**(volonté de méthode)' 때문이다. 그러나 그것은 기본적으로 삶의 조건과 환경을 개선하려는 또 다른 의지, 즉 힘에 대한 의지(volonté de pouvoir)에서 비롯된 것이기도 하다.

① 방법은 권력이다.

방법은 왜 권력인가? 한마디로 말해 방법方法도 법法이기 때문이다. 좁은 의미에서 보면 모든 법은 일정한 도리, 규정, 모범, 정해진 틀이다. 그러나 넓은 의미에서 보면 그것 모두가 방법이다. 방법이 권력적인 이유도 거기에 있다. 다시 말해 모든 법이 욕망을 규제하는 데 그 본질이 있듯이 방법도 무정형의 욕망을 규정하는 데 본질이 있기 때문이다. 그러므로 방법은 법과 다름없이 그것으로서 권력기제가 된다.

　방법이 부재하면 그 권력도 부재한다. 방법이 부실하면 그 힘도 부실하다. 그 때문에 권력지향적이거나 패권주의적인 지식일수록 결정론적, 통섭적統攝的 방법을 선호한다. 수많은 지식이 이데올로기적인 이유도 마찬가지다. 예를 들어 마키아벨리의 『군주론』이 일인통섭적 통치술을 강조하는 것은 군주의 절대 권력을 확보하기 위해서다. 그와 반대로 마르크스의 혁명이론이 반反통섭적 논리를 전개할지라도 그것의 역설에 지나지 않는다. 그가 무계급사회의 실현을 강요하는 것은 방법과 권력의 함수관계를 역설적으로 강조하는 데 불과하기 때문이다. 결국 지知에 대한 의지는 힘(力)에 대한 의지다. 또한 그것은 방법에 대한 의지이기도 하다. 그 때문에 지식의 생명이 방법의 생명에 달려 있듯이 지식의 장기지속도 그 방법이 결정한다.

　방법이 힘으로 작용하지 않는 경우란 있을 수 없다. 방법은 어떤 운동이나 변화에도 그 자체가 작용인作用因이 되기 때문이다. 방법이 도처에서 법으로서 권력을 행사하는 까닭이 거기에 있다. 예를 들어 원시종교의 구속력이 그 주술에 달려 있다든지 의사의 권위가 그의 의술로부터 나오는 것도 그 때문이다. 검객의 위력은 남다른 검법에서 비롯되듯이 병법兵法으로서의 뛰어난 전술과 전략이 군대의 지배력을 결정하는 이유도 마찬가지다.

② 방법은 관점이다.

방법에서의 방方이란 '모'나 '각'을 의미한다. 또한 그것은 수단이나 방법뿐만 아니라 방향이나 위치, 상태나 성격을 나타내기도 한다. '모로 가도 서울만 가면 된다.'든지 '여러 모로 잘 생각해서 결정해라.'든지 '그의 성격은 모가 나서 상대하기 힘들다.'와 같은 경우가 그러하다. 한마디로 말해 이것들은 모두 생각하거나 행동하기 위한 저마다의 주관이나 관점觀點을 의미한다. 이것은 서울을 가려는 주관적 방법이나 결정하기 이전에 살펴야 할 여러 가지 관점 또는 인생을 살아가는 개인의 주관적인 개성들을 뜻한다. 이처럼 인간은 누구나 생각하는 각도나 주관, 즉 관점이 다르면 행동하는 방법 또한 달리하게 마련이다.

방법은 세상을 바라보는(이해하는) 다양한 각도, 즉 복합적인 관점을 갖는 일이다. 사람마다 서울로 가는 길을 달리 생각하는 이유도 각자 다른 관점을 갖기 때문이다. 실제로 저마다의 관점이 다르면 세상도 달리 보인다. 그러므로 살아가는 방법 또한 달리 강구한다. 세상을 이해하는 방식에 따라 살아가는 방법을 달리하는 것이다. 정치체제가 민주주의와 전체주의로 갈리고 경제의 운용방식이 자본주의와 사회주의로 나뉘는 이유도 마찬가지다. '나' 중심사회와 '우리' 중심사회는 권력지향적 욕망의 관리방식의 차이에서 생겨났다기보다 유토피아를 지향하는 이상사회적 관점의 차이에서 비롯된 것이기 때문이다.

　관점은 무정형의 카오스chaos 상태인 욕망을 정형화하는 방법이다. 그것이 지식으로 통하고 권력과도 맞닿는 까닭이 거기에 있다. 질서형성 이전의 미분화 상태에서 질서가 발현하면서 복잡계(complex systems)가 형성되듯이 복합적인 관점을 갖는 순간 인식주관은 그 복합체로부터 지식이나 권력의 계층적 경계를 기술한다. 욕망이 정형화되면서 발현하는 관점들의 끊임없는 생성소멸은 좋은 방법/나쁜 방법, 좋은 지식/나쁜 지식, 좋은 권력/나쁜 권력 등을 경계 지우며 새로운 세상을 지속적으로 출현시켜가기 때문이다.

　③ 방법은 새로움이다.
　방법의 출현은 새로움의 탄생이다. 인간에게 '**새로움에 대한 의지**(volonté de nouveauté)'가 작용하는 한 새로운 방법의 출현은 끝나지 않는다. 마르크스가 생산력을, 역사를 움직이는 결정적인 동력인動力因으로 간주할 만큼 중요시한 것도 새로움에 대한 의지가 생산력을, 그리고 역사를 부단히 새롭게 하기 때문이다. 더구나 새로운 생산력은 기존의 생산관계를 무력화시킬 만큼 힘을 갖기 때문에 유물론자 마르크스를 역사 속으로 유인했던 것이다. 그가 인쇄술이나 증기기관의 발명을 인류 문화나 문명의 역사에서 중요한 매듭짓기로 보려 한 이유도 마찬가지다. 일반적으로 전통의 계승과 순응보다 반역과 반란이 오히려 역사의 결절점結節点이 되어온 까닭도 그와 다르지 않다.

새로움에 대한 의지는 반역의지이다. 실제로 반역이나 반란은 새로움과 별개의 것이 아니다. 그것들은 한 몸이 지닌 두 얼굴에 불과하다. 반역과 새로움은 단지 주관적인 관점이 갈라놓은 언어적 이화異化현상일 뿐이다. 그것들은 의미상의 이의어異義語이거나 양의성兩義性에 지나지 않는다. 역사를 움직이는 동력인은 운명적으로 그것들을 동일한 시공간 속에서 동의어화同義語化하거나 동어반복同語反覆하려 하지 않는다.

반역인지, 혁명(새로움)인지의 의미규정은 새로움에 대한 의지가 역사를 장악하려는 힘의 크기에 달려 있다. 새로움에 대한 의지가 권력화에 성공하는 순간 반역이 새로움으로서 정당화되는 것도 그 때문이다. 역사의 가면놀이에서 권력이 부여된 가면假面은 더 이상 가면이 아니다. 역사는 언제나 반역의 복면 뒤에 숨겨져 있던 모습이 드러나기를, 그리고 그것으로 새단장하기를 더 좋아하기 때문이다.

4 | 방법과 문화

방법은 '~을 위한' 방법이다. '~을 하기 위한' 방법이다. 인간은 무엇이든 하지 않을 수 없는 존재다. 그래서 인간은 '~을 하기 위해' 방법을 고안해낸다. 인간은 기본적으로 생존(존재)하기 위해 여러 방법을 궁리하고 창안한다. 그러나 본능(자연)

으로서의 욕망은 단지 생존하는 것만으로 충족되지 않는다. 인간은 더 많이 소유하려 하고, 지배하려 하기 때문이다. 결국 인간은 인간으로서 만족하지 않는다. 인간은 초인이 되고 싶어 한다. 심지어 신이 되고 싶어 하기도 한다. 그래서 인간은 욕망 회로를 지구에서 우주까지, 시간에서 영원까지, 즉 자연에서 초자연에 이르기까지 연장하려 한다.

① 방법은 문화다.

방법은 그 자체가 이미 문화다. 문화가 인위人爲이고 반反자연인 한 방법은 문화와 다름없다. 어떠한 방법도 자연이 아니다. 방법은 **자연에서 이탈하기**이다. 실제로 자연에는 인위적인 모색이나 방법이 필요 없다. 자연은 이미 자기방법을 내재하고 있기 때문이다. 자연은 언제나 그대로 있으려 한다. '자연'이라는 기호화도 자연스럽지 않다. '언제', '어디서나'와 같은 자연에 대한 시공간의 규정도 인위이지 자연이 아니다. 그러므로 자연에 대한 인위적인 개입이나 의도적으로 강구된 방법은 더 이상 자연도, 자연의 방법도 아니다. 그것은 다름 아닌 문화다. 방법이 문화인 이유도 마찬가지다.

자연이 순리順理라면 문화는 자연에 대한 반리反理이거나 역리逆理이다. 자연에 인위인 방법이 개입하는 순간 자연은 더 이상 본연 그대로가 아니다. 순리를 잃어버린다. 인위적 논리와 법칙들로 위장한 인간의 욕망이 그 자리를 대신한다. 인위적인 방법들이 자연에 대하여 역리를 도모하기 때문이다. culture의 어원이 자연(nature)을 '배양하다', '경작하다'의 뜻인 라틴어 colere에서 비롯된 것도 마찬가지 이유다.

자연에 대한 의도적인 개입이나 침입 방법의 강구가 '문화적 강도짓'인 이유도 거기에 있다. '자연은 강간당하기 위해 존재한다.'는 피카소의 주장이 옳을 지도 모른다. 그는 창의적인 모방과 재현의 기술技術인 미술美術을 자연에 대한 감성적 강간 기술이라고 생각했기 때문이다. 백남준이 작품행위를 사기행각으로 규정하는 까닭도 다르지 않다. 카메라의 발명으로 좌절된 미술가들의 완벽한 재현욕망이 모네를 비롯한 인상파 화가들로 하여금 '빛의 사기'를 시도하게 한 경우가 그러하다.

그러나 피카소가 사람의 얼굴을 마음대로 쭈그러뜨리고 어긋나게 함으로써 좌절된 욕망을 분풀이해보지만 그의 사기술 역시 초보 수준을 벗어나지는 못했다. 그 이후 '자연을 재현한다(reproduzieren).'를 포기하는 대신 '자연으로부터 이끌어낸다(abziehen).'는 추상화가들의 눈속임 기술(art de trompe-l'œil)은 드디어 예술의 경지를 보여주는 것이었다. 그들의 사기술은 자연을 무화無化함으로써 이미지를 출현시키려 한다. 기독교의 신학자들 못지않게 그들도 '무로부터의 창조(creatio ex nihilo)'를 강조함으로써 이른바 '부정의 신학'에 끼어든 것이다. 그러나 현대미술사에서 사기술의 백미는 역시 백남준의 비디오 아트다.

인간은 이처럼 자기에게 이롭게 하기 위해 자연을 마음 놓고 타자화한다. 그리고 그것을 문화로 명명하고 기호화한다. 문화사가 타자화의 역사나 다름없는 것도 그 때문이다. 인류문화사가 반反자연사인 이유도 마찬가지다. 그것은 자연으로부터 이탈의 역사이고 자연에 대한 개입의 역사다. 나아가 그것은 무단 침입의 역사이기도 하다. 이렇듯 침입자인 인간은 자연을 무차별적으로 침입하기 위해 미술뿐만 아니라 다양한 방법을 발명해왔다고 해도 과언이 아니다.

② 문화는 인간화다.

인간은 자연에 침입함으로써 자연을 인간화한다. 본래 인간의 형상을 문자화한 것이 文이므로 文化란 곧 人間化이다. 인간의 욕망은 자연에 대한 인간중심적인 의인회擬人化를 멈추려 하지 않기 때문이다. 그러므로 문화는 자연에 대한 인욕人慾의 감염현상이기도 하다. 인욕, 즉 문화에 의해 감염된 자연은 더 이상 처녀지가 아니다. 욕망에 감염된 자연에서는 어김없이 문화적 변형이나 변질(metamorphosis)이 시작되기 때문이다. 어떤 세균에도 감염된 적이 없는 처녀인구집단(virgin population)이 세균과 숙주들의 편안한 공생공간으로 바뀌듯이 인간의 욕망에 감염된 자연도 쉴 새 없이 변형을 진행하고 있는 문화기생물과 문화 숙주들의 공생공간으로 탈바꿈한다.

문화는 언제나 살아 있는 생물과도 같다. 그것은 인간의 욕망을 따라 변하기 때문이다. 문화의 본질이 변형이고 변질인 이유도 거기에 있다. 그 때문에 문화에는 상수常數가 없다. 문화는 불확정적이다. 문화는 미지수未知數일 뿐이다. 문화는 온갖 방법을 동원하여 자연에 개입하고 침입하려는 인간의 욕망만큼 정형화되어 있지 않다. 사상이나 철학은 인간의 욕망을 논리라는 이성의 방법으로 재단하지만 무정형의 욕망을 저마다 인간중심주의로 정형화하는 작업에 지나지 않는다.

과학과 기술 등 인류의 문명이 이성에 의한 인간의 육체적 기능, 즉 체력의 외재화=기계적 인간화를 지향한다면 사상과 철학을 비롯한 인류문화는 인간의 정신적 기능, 즉 지력의 내재화=지성적 인간화를 지향한다. 그러나 양자는 그 지향성이 상반됨에도 불구하고 인간화라는 인간중심주의의 실현을 지상 과제로 삼는다는 점에서 서로 다르지 않다. 인간은 오랫동안 이 두 가지 방법을 통해 궁극적으로 초인이 되고자 노력해왔기 때문이다. 르네상스가 신에게 빼앗겼던 초인욕망의 회복운동이었다면 산업혁명은 그 욕망의 실현을 위한 첫 번째 성과였다.

③ 인간화는 다리놓기이다.

인간의 모습은 본래 유목민(nomade)이다. 인간은 애초부터 이동욕망을 가지고 태어나기 때문이다. 인간이 영토화와 탈영토화를 반복하면서 부단히 이동하는 이유도 그 때문이다. 인간이 이동하기 위해 무엇보다 먼저 한 일은 다리놓기이다. 욕망을 이동시키기 위한 다리놓기는 인간의 본능이나 다름없다.

다양한 종류의 수많은 다리(bridges)는 이동욕망의 흔적들이다. 욕망은 경계들을 다리로써 확장한다. 그 때문에 다리들은 욕망의 연결망이 되고 소통회로가 된다. 실제로 지상에는 인간이 왕래하기 위한 수많은 다리들이 있다. 그러나 생활세계의 다리 가운데는 단절된 지역들을 이어주는 공간적 다리, 즉 교량들만이 있는 것이 아니다. 정신세계이건 현실세계이건 인간의 시·공간적 삶을 형성하는 모든 통시적通時的/공시적共時的 관계는 유·무형의 다리들이기 때문이다.

인간은 관계적 존재이다. 인간에게 관계사고가 불가피한 까닭도 거기에 있다. 인간은 누구도 단독자로서의 삶이 불가능하므로 '인간人間'인 것이다. 인간이 일체의 관계사고, 즉 다리놓기를 피할 수 없는 것도 그 때문이다. 역설적으로 말해 '인간은 다리놓기함으로써 비로소 인간이 된다.' 예를 들어 이미 『신통기神統記 *Theogonia*』를 통해서 우주발생을 신비를 풀어보려는 헤시오도스의 **신화적** 다리놓기를 비롯해서 진리(aletheia)의 길과 속견(doxa)의 길로 통하는 '지혜의 이중문'을 설정한 파르메니데스의 **철학적** 다리놓기가 그러하다.

동서양을 막론하고 철학의 역사는 인과因果를 달리하는 다양한 종류의 (의식 내재적/외재적) 관계사고=다리놓기의 역사라고 해도 과언이 아니다. 플라톤도 결국 아리스토텔레스에 의해 부실공사 판정을 받았지만 레테lēthē 강을 사이에 두고 이데아계와 현상계 간의 다리놓기를 시도했다. 근대의 이성론자들인 데카르트 → 스피노자 → 라이프니츠가 신과 인간 사이의 관계를 재정립하기 위해 벌인 실체논쟁이나 자기에 대한 변증법적 관계를 설정하려는 헤겔의 즉자/대자 개념, 그리고 의식과 사물 간의 존재방식을 설명하려는 사르트르의 즉자/대자 관계도 존재론적 다리놓기 게임의 일환이다. 인식에서의 주체/객체, 의식의 작용과 대상, 노에시스/노에마도 지知에 대한 의지에서 비롯된 인식론적 다리놓기 게임이기는 마찬가지다. 더구나 전방위적인 욕망회로를 상징하는 들뢰즈의 리좀rhizome은 인간화, 즉 다리놓기의 모범 사례나 다름없다.

사상적, 철학적 다리놓기는 서양뿐만 아니라 중국, 한국, 일본에서도 일찍부터 상호작용하면서 각각 사유의 역사를 장식해왔다. 예를 들어 천인합일天人合一의 사상이나 인물성동이론人物性同異論, 그리고 천손강림설天孫降臨說 등이 그것이다. 일찍이 중국인의 성인욕망聖人慾望은 '내성외왕지도內聖外王之道'로써 천인합일이라는 이상적인 다리놓기를 추구해왔다. 뿐만 아니라 그들의 사유 공정은 태극太極이라는 구름다리를 통해 천지만물을 연결하기도 했다. 한편 일본사상의 토대는 신 → 신화 ← 인간이라는 존재론적 구조를 가진 다리놓기이다. 특히 일본의 신도사상은 천손인 현인신現人神의 강림을 요청하여 연속적 신인관계의 다리놓기를 끊임없이 시도해온 일종의 변신론辯神論이다.

현인신으로의 신격화는 인간화 방법의 극치이다. 초인지향적 인간은 신격화됨으로써 더없는 인간, 즉 초인이 될 수 있다고 생각하기 때문이다. 통치자의 입장에서 보면 현인신만큼 통치자와 백성 사이의 시공을 초월하며 연결하는 튼튼한 다리도 없다. 예를 들어 기원전 2600년경 이집트 고왕국시대의 피라미드나 스핑크스가 그 상징물이다. '태양이 피라미드에서 떠오른다.'고 믿을 정도로 신으로부터 영감을 받은 통치자의 위업을 상징했던 피라미드나 왕권을 표상하는 스핑크스, 모두 인간의 왕권을 신권화하려는 초현실적인 다리였기 때문이다.

④ 다리는 문화 리좀이다.

다리는 욕망이 뻗어나가는 문화 리좀이다. 인간화는 문화의 리좀화다. 인간의 욕망은 다리를 통해 전방위적으로 뻗어나가기 때문이다. 결혼제도가 가장 기본적인 인류학적, 사회학적 다리놓기이듯이 인간의 이동욕망도 지구상에 헤아릴 수 없이 많은 문화적 다리놓기를 한다. 이동욕망은 정치적 영토화에 못지않게 문화적 영토화와 패권화를 지향한다. 문화적 생존경쟁이 끊임없이 진행되는 이유도 그 때문이다. 문화, 즉 인간화가 우열법칙에 따라 우세종이 열세종을 지배하는 현상이 나타나는 까닭도 마찬가지다.

문화의 다리는 문화적 유전자(文化素)를 결정하는 이동욕망의 강도에 따라 리좀식으로 번식한다. 다시 말해 인간의 무한한 번식 욕망만큼 문화도 한없이 번식하는 것이다. 인위가 자연을 포위한 지구적 그물망의 실현이 그것이다. 자연으로부터 반자연(人爲)으로 전방위적으로 지향하려는 인간의 욕망이 문화의 패권화, 즉 문화번식의 그물망인 '지구적 다리놓기(global bridges)'를 실현한 것이다.

그럼에도 불구하고 인간의 참을 수 없는 이동욕망은 언제부터인가 자연(지구)으로부터의 탈출을 갈망한다. 무한도주를 위한 실제공간(virtual space)으로부터의 엑소더스가 그것이다. 인간의 이동욕망은 이제까지의 문화=인간화 마당인 실제공간에서의 삶과 문화를 권태로워하고 불편해한다. 과학기술의 힘을 빌려 지구를 탈출해본 인간은 현실에서 가상으로 문화적 다리놓기를 착안한 것이다.

인간의 이동욕망, 특히 높은 곳에서 내려다보고 싶어 하는 조감욕망은 현실에서의 탈지구적인 지구조감뿐만 아니라 가상에서의 무한한 인간조감도 감행한다. 현실과 가상 간의 경계사고가 무수한 가상다리들(cyber bridges)이나 인공지능 다리들(intelligent bridges)을 통해서 통섭通攝하고 포월包越하는 상호포섭적 인간화를 시작한 것이다. 이미 전개되고 있는 다중 프랙탈 차원(multifractal dimension)에서의 인터페이스 문화와 인간화가 그것들이다. 더구나 미래세계는 예측하기조차 어려운 복잡한 융합다리들(convergent bridges)로 인해 다층적인 융합공간과 융합문화, 즉 융합인간화가 더욱 빠르게, 그리고 무한대로 진행될 것이다.

그러나 따지고 보면 이러한 문화적 다리놓기도 안락한 삶을 위한 인간화의 꿈을 실현하는 것일 뿐이다. 그것은 존재론적 곽郭의 경계에 대한 이율배반적 갈등 속에서 이동욕망이 현실과 가상을 상호포섭하며 만들어가는 제3의 생존문화 장치들이기 때문이다. 실제로 수많은 인간의 이동욕망은 아무리 환상적 실제공간이 실현될지라도, 그리고 그곳에서의 인간화가 아무리 편안하고 편리할지라도 그곳에 안심하고 닻을 내리지는 않는다. 그들의 이동욕망은 단지 현세에서의 인간적 삶을 위해서만 작동하지는 않는다. 이동의 끝인 죽음 앞에 설수록 존재의 적나라함, 그리고 이동 불가능함을 불안해하는 인간은 '현세에서 내세로' 다리놓으려는 유혹을 참지 못하기 때문이다.

그 유혹에 빠져들 때마다 기독교이건 불교이건 종교는 어디서나 내세로 다리놓기의 빌미를 놓치지 않는다. 그러나 종교는 모든 다리의 종점이다. 세상은 종교 그물망 속에 갇혀버리고, 그곳에 이르면 현세에서의 이동욕망도 닻을 내린다. 종교는 욕망의 무덤이기 때문이다. 여기서는 인간화, 즉 문화도 현실의 허세로 간주해 버린다. 이때부터 종교는 방법으로서의 반방법이 되기도 한다.

5 | 방법과 반방법

 방법의 본질은 반역이다. 방법은 반역하며 진화한다. 인간은 새로운 방법의 발명과 창조의 유혹을 참을 수 없는 존재이기 때문이다. 인류문화와 문명의 탄생과 발전은 무수한 방법과 반방법의 결과이다. 그러나 반방법, 반인위는 방법이나 질서 이전, 즉 카오스chaos나 무질서(sans méthode)로 돌아가는 것일 수 없다. 그것은 이전의 방법에 대한 부정이고 거부일 뿐 방법 일반(méthode en général)에 대한 반대가 아니다. 그것은 적어도 또 다른 방법이거나 이전의 방법에 대한 메타방법(metaméthode)일 수 있기 때문이다.

 가치개입/가치중립, 판단/판단중지(epochē), 의지결정론/자유의지론, 또는 순리/역리, 통리通理/반리反理에서 보듯이 방법이 작용이라면 반방법은 반작용이다. 또한 방법이 정립(these)이라면 반방법은 반정립(antithese)이기도 하다. 그러나 방법과 반방법은 물리적 관계도 아니고 변증법적 관계도 아니다. 그것들은 작용인에서 인과필연적 관계가 아닐 뿐더러 작용하는 운동량에서도 물리적 관계와는 다르다. 또한 그것들의 관계는 종합을 지향하는 변증법적 진로와도 일치하지 않는다. 작용이나 정립이 방법의 양태들이듯이 반작용이나 반정립도 단지 반방법의 유형들일 뿐이다. 그러나 방법과 반방법이 작용이나 정립, 또는 반작용이나 반정립에 속하지는 않는다. 방법이 작용과 정립은 물론이고 그 밖의 모든 인위적 작용들을 포괄하듯이 반방법도 반작용이나 반정립뿐만 아니라 수많은 메타방법들을 모두 지칭하기 때문이다.

방법의 역사는 방법과 반방법을 지양·종합하기보다 중층적重層的 결정을 반복하며 진화한다. 특히 방법의 반역으로서 등장하는 반방법은 이전의 방법과 대립하지만 그것을 극복하기 위해 반대한다. 반방법의 본래의 목적은 대립적인 방법에 대한 부정이나 배제에 있다기보다 그것의 극복에 있기 때문이다. 반방법은 이전의 방법들을 배제하거나 생략하기보다 통섭하고 포월한다. 대부분의 반방법은 이전의 방법들을 통섭하며 반대하거나 포월하며 극복한다. 그것이 메타방법인 까닭도 거기에 있다. 또한 그것이 방법의 역사를 지속적으로 중층화하는 이유도 마찬가지다.

그러나 방법이건 반방법이건 그것들은 모두 본래적으로 욕망의 방법이다. 욕망은 주체에게 잠시라도 무엇이든 도모하지 않을 수 없게 한다. 욕망의 참을 수 없는 배설본능 때문이다. 본래 욕망(慾+望)은 신하가 임금 보기를 하늘의 달(月)을 바라보듯 설레며 우러르는 마음이다. 라틴어 dēsirāre(dē+sīderis)에서 유래한 dēsirātiō가 빛나는 별(sīdus)을 쫓으려 떠도는 인간의 마음을 가리키는 이유도 마찬가지다. 그래서 달과 별로 향하려는 인간의 마음은 지금도 그 묘수를 궁리하고 그것을 도모하고 있다.

인간의 욕망은 실제로 끊임없이 표류한다. 욕망은 어디에도 정착하지 않는다. 인간에게는 욕망의 정박지가 있을 수 없다. 욕망은 단지 표착漂着할 뿐이다. 그나마도 일시적이다. 욕망의 이동은 어떤 수단으로도 정지되지 않는다. 욕망의 배설은 어떤 방법으로도 멈추지 않는다. 욕망은 어떤 방법보다도 선재한다. 욕망은 방법 밖에서 작용한다. 욕망은 영원히 방법을 초과한다. 그 때문에 방법은 욕망을 충족시킬 수 없다. 인간에게는 원초적으로 방법이 부족한 탓이다.

또한 인간의 욕망은 본래 정태적靜態的이 아니라 동태적動態的이다. 욕망의 야성적 운동은 생득적이다. 인간의 욕망은 로고스logos와 파토스pathos, 이성과 감성의 인위적 구분 이전부터 충동衝動하고 있다. 방법적 구분 이후에도 마찬가지다. 생득적(innate)인 욕망은 오성이나 감성 형식 어디에도 제한받지 않는다. 천부적(natural) 생명력으로서의 욕망은 리理나 기氣, 어떤 것에도 국한되지 않는다.

생득적이고 원초적인 욕망은 오히려 그것들을 통섭하는가 하면 그것들을 포월하기도 한다. 욕망의 본질이 그 경계들의 통섭과 포월에 있기 때문이다. 인간이 욕동적欲動的 존재인 이유도 마찬가지다. 그 때문에 존재는 방법이지만 욕망만큼 유동적이고 불확정적이다. 욕망이 인간을 예외 없이 노마드nomade로 만드는 까닭도 거기에 있다.

2
사상과 방법

사상이란 무엇인가? 왜 사상과 방법을 연관짓는가? 사상과 방법, 그리고 욕망은 어떤 관계인가? 사상은 왜 욕망의 표현형(phénotype)인가? 사상은 어떤 방법으로 욕망을 표현하는가? 방법은 사상을 어떻게 유형화하는가?

1 | 욕망의 로고스화

욕망은 생산한다. 욕망은 배설함으로써 생산한다. 욕망은 배설하며 생산한다. 욕망은 자기 해소를 위해 배설하는 것이 아니라 생산의 도모를 위해 배설한다. 욕망의 본성이 배설이라면 그 목적은 생산이기 때문이다.

욕망은 방법을 생산한다. 욕망은 배설방법을 생산한다. 욕망은 로고스와 파토스를 생산한다. 뿐만 아니라 욕망은 에토스도 생산한다. 또한 욕망은 의식과 무의식, 합리와 비합리 모두를 생산한다. 이성의 생산성이 욕망의 생산성을 토대로 하는 이유도 거기에 있다. 존재론적 또는 인식론적 생산성, 즉 철학의 생산성도 마찬가지다. 사유와 사상의 생산성이 근본적으로 욕망의 생산성에서 비롯된 것도 그 때문이다.

사유는 생산이다. 사유는 주체를 생산한다. 코키토가 곧 생산이다(cogito est productio). 욕망하는 존재인 인간은 누구나 (의식적으로, 심지어 무의식중에도) 자신의 생각을 정리하여 체계화하려 한다. 인간은 본래 사유(思+惟)하고 사상(思+想)하는 존재이기 때문이다. 다시 말해 인간의 의식은 욕망을 로고스화하려 한다. 그 때문에 욕망은 의식이 있는 곳이면 어디서나 (의식활동에 의해) 그것의 로고스화를 시도한다. '욕망의 로고스화', 그것이 곧 사상이다. 사상은 인간의 욕망이 '로고스화된 의식활동의 내용'이다. 그러므로 사상사도 욕망이 로고스화된 의식활동의 역사이다. 의식이 문학, 역사, 철학, 종교, 예술 등에 걸쳐 욕망을 로고스화한 내용들의 역사가 곧 사상사다.

의식이 욕망을 '로고스화한다'는 것은 이성적으로 '추론화한다' 또는 '논증화한다'는 뜻이다. 다시 말해 사상이란 이성에 의해 추론화(또는 논증화)된 의식활동의 내용을 의미한다. 기본적으로 logos는 추론이나 논증을 의미하기 때문이다. 그러므로 로고스화는 일종의 생각하는 방법, 즉 추론하는 방법이자 논증하는 방식이다. 논리(logic)를 의미하는 그리스어 logikē가 추론방법이나 논증술을 뜻하는 것도 마찬가지 이유이다.

이렇게 보면 의식활동의 내용을 결정하는 것은 방법(또는 관점)이다. 욕망을 로고스화하는 방법이 다르면 의식활동의 내용, 인간의 지식이 달라진다. 『철학사전哲學事典』(平凡社)의 정의대로 '방법은 단지 지식을 위한 준비에 그치지 않는다. 방법은 지식을 낳는 중심이 되는 것이다.' 사상의 경우도 마찬가지다. 의식활동의 방법, 다시 말해 생각하고, 추론하고, 논증하는 방법에 따라 사상이 달라지는 것이다. 사상의 내용을 그 방법이 결정하기 때문이다.

2 | 방법적 사유 유형들

관점은 사유를 결정하고 방법은 사상을 생산한다. 관점은 욕망하는 주체의 의식이 (공간적/시간적으로) 세상과 만나는 임의의 접점이다. 그러므로 바로 그 지점에서 각자의 사유가 결정된다. 또한 방법도 그 관점에 따라 욕망을 로고스화한다. 즉 방법은 일정한 관점에서 사상을 생산한다. 그러므로 저마다의 관점과 방법을 달리하면 사유와 사상도 달라지게 마련이다.

예를 들어 일본사상사에서 욕망의 로고스화, 즉 사상을 결정하는 관점과 방법의 중요성을 강조한 대표적인 인물은 오규 소라이(荻生徂徠)다. 그는 기비(黃備=吉備眞備를 칭함)의 한문훈독법을 아전인수격의 욕망이 낳은 과오라고 비난한다. 기비의 방법으로 한자를 읽어서는 그 뜻을 제대로 전달할 수 없기 때문에 그것을 버려야 한다는 것이다. 기비의 한문훈독법은 중국어가 갖고 있는 고유한 의미를 추리하는 형태로 일본어에 맞춰 해석하고 일본어의 언어세계로 옮기려 하기 때문이다. 그러므로 소라이는 기비가 읽는 시서예악詩書禮樂도 기비 마키비 혼자만의 것이지 중국의 시서예악이 아니라고 생각한다. 그 때문에 그는 기비의 방법, 즉 일본낚싯대(和訓主義)를 버리고 이왕(李攀龍과 王世貞)의 방법인 중국낚싯대(華語主義)로 바꿔야 한다고 주장한다.

한편 욕망의 로고스화는 소라이의 대리성인론代理聖人論에 이르면 그가 애써 주장한 화어주의華語主義마저도 무용지물로 만든다. 본래 유희적이고 충동적인 욕망이 소라이의 로고스뿐만 아니라 파토스마저 소리없이 굴복시켰기 때문이다. 개국선왕善王을 성인시하는 중화성인론을 동경하면서도 제8대 장군 도쿠가와 요시무네(德川吉宗吉宗)를 제도의 작위자로 간주한 그의 상황논리가 욕망의 자의적 로고스화임을 부정할 수 없는 이유도 거기에 있다. 『태평책太平策』에서 "대저 국가를 다스리는 것은 의사(神醫)의 치료와 같다."고 하여 신의수적설神醫垂迹說까지 동원하며 그가 특정 인격으로의 논리적 귀결을 시도한 까닭도 마찬가지다. 성인론에 대해서는 방법에 대한 의지(volonté de méthode)보다 힘에 대한 의지(volonté de pouvoir)가 더욱 강하게 작용했기 때문이다.

그러나 이보다 더한 해프닝은 이를 두고 '**방법의 승리**'라고 평한 마루야마 마사오(丸山眞男)와 야스마루 요시오(安丸良夫)의 과도한 욕망 과시이다. 일본의 근세사상에 대한 분석의 틀과 기준을 서양의 근대사상에서 구하여 정식화하려는 마루야마의 서구식 환경미화 작업은 전형적인 Bananaism의 일례에 불과하기 때문이다. 이처럼 인간은 늘 유혹하는 욕망의 확대 본능 앞에 노출되어 있다. 대개 큰 욕망이 작은 욕망들을 조절하거나 조정하려 할 때, 더구나 그것들을 지배하려 할 때 큰 욕망이 유용한 방법을 강구하는 것도 그 때문이다. 새로운 방법으로써 욕망을 텍스트화하려는 더 큰 욕망의 지배를 '방법의 승리'라고 자찬했던 야스마루 요시오의 주장이 바로 그러하다.

관점과 방법이 일원화되어 있을 경우 관점은 사유를 결정하고 방법은 사상을 생산한다. 그러나 소라이와 마루야마(또는 야스마루)의 이중주는 그와 다르다. 전자가 방법의 승리를 이루었을지는 몰라도 후자는 관점의 패배를 초래했음이 분명하기 때문이다. 중국유학에 근거한 소라이의 성인관과 서양의 근대적 사유는 전혀 다른 세계관에서 비롯된 것이다. 그럼에도 불구하고 소라이가 시도한 중국 고대의 성인과 요시무네 장군의 자의적 조합방식을 서양 정치이론에 유혹당한 마루야마와 야스마루의 욕심(애국심)은 서구적 사유방법에까지 연결시키려 했다. 로고스와 파토스의 역할을 모두 장악하고 있는 과도한 욕망이 관점과 방법의 착각을 초래한 것이다. 혼고우 다카모리(本鄉隆盛)가 소라이의 성인론에 대한 마루야마와 야스마루의 관점과 해독방법을 승리가 아니라 '무참한 패배'라고 비난하는 이유도 거기에 있다.[1]

한편 일본사상사의 기저를 국수주의적 욕망에 함몰되게 한 장본인은 오규 소라이가 아니라 모토오리 노리나가(本居宣長)일 것이다. 그의 관점과 방법은 소라이보다 훨씬 더 파토스적이었기 때문이다. 소라이의 성인주의나 고문사학이 중국화 욕망의 로고스화였다면 노리나가의 현인신론과 와카론(和歌論)은 일본화(특히 皇國化) 욕망의 파토스화였다고 해도 과언이 아니다. 소라이의 경우, 보다 파토스적인 대리성인론과 비교적 로고스적인 고문사학이 공존하지만 노리나가의 경우에는 가론歌論과 신론神論이 모두 파토스적 토대 위에서 전개되었기 때문이다.

'가歌의 도'와 '신神의 도'의 합치 및 불가분성을 강조하는 노리나가의 국학사상은 애초부터 그 기초가 모노노아와레(物のあわれ)를 노래하는 가도歌道에 있었다. 유전적 우월성, 즉 자민족의 이기적(selfish) 유전자를 강조하는 국수주의자들의 경향성에서 보듯이 노리나가도 기질적으로 욕망의 로고스화보다 파토스화에 더욱 경도된 인물이었기 때문이다. 그가 원향귀향적 성정주의性情主義를 지향하는 고도古道부활론이나 황도론皇道論마저 욕망의 파토스화, 즉 감성적 인식방법에 의존한 것도 그 때문이었다.

이처럼 방법은 욕망을 (로고스적이든, 파토스적이든, 아니면 에토스적이든) 지식으로 파종播種한다. 더구나 유동하는 욕망은 방법을 진화하고 진보하게 하면서 지식의 진보와 진화도 아울러 가져온다. 그러나 모든 방법과 지식이 진화하고 진보하는 것은 아니다. 진화와 진보 대신 퇴화와 퇴행의 경우도 적지 않다. 습합식 진화의 체질을 지닌 일본사상사에서 퇴화나 퇴행을 발견하기 어렵지 않은 것도 그 때문이다.

일본의 문화와 사상은 외래 문화나 사상과의 습합이 단절될 때마다 진화를 멈추기 일쑤였다. 더구나 반습합이나 역습합이

배타적으로 진행될 때 일본사상사는 습합식 진화와 진보 대신 퇴화와 퇴행을 자주 경험해야 했다. 집단적 욕망이 지식을 파토스화할 때, 특히 일종의 팡글로스주의(Panglossisme)[2]인 황도皇道 신앙과 같은 집단적 파토스가 일본사상사를 형성할 경우는 더욱 그러했다. 신앙은 어떤 형태의 것이든 파토스적 에네르기의 원천이기 때문이다. 종교와 신앙이 비중을 많이 차지하고 있는 사상사일수록 파토스적인 내용이 많은 까닭도 거기에 있다.

또한 소라이학에서도 보았듯이 방법이 로고스적일지라도 후대의 역사적 평가나 평가적 지식은 파토스적이기 쉽다. 욕망이 실현된 구체적 텍스트로서의 역사적 평가가 지(savoir)에 대한 의지보다 '힘(pouvoir)에 대한 의지'에 의해 이루어질 경우 그것은 대개 파토스적 유혹이나 권력과 야합한다. 그것(작은 욕망)이 민족주의 이데올로기(큰 욕망)와 결부될 때 더욱 그렇다. 소라이의 방법에 대한 마루야마나 야스마루의 평가처럼 미우라 바이엔(三浦梅園)의 관점이나 방법, 그리고 그것에 대한 역사적 평가도 그와 다르지 않다. 오늘날 미나모토 료엔(源了圓)이 우주의 통일성과 다양성을 '一二의 논증법'으로 설명한 미우라 바이엔의 이른바 '조리條理의 방법' ─ 소라이학으로부터 이탈을 위해 제기한 반관합일反觀合一과 사심지집捨心之執의 방법 ─ 을 스피노자의 논증 방법에 비유하여 사상적 독창성을 인정하려 한 것도 마찬가지 예이다.

특히 사이구사 히로토(三枝博音)가 미우라 바이엔을 일본에서 변증법을 독자적으로 구사한 철학자라고 하여 그를 메이지 이전의 일본 최고의 체계적인 철학자로 간주하는 평가나 시마다 겐지(島田虔次)가 바이엔의 『현어玄語』야말로 사상사를 방법으로서 의식하게 한 '극동사상사에서 최초의 사건'이자 '극동유학사상 최대의 장관'이라고 극찬하는 평가의 저변에는 모두 시대를 초월하는 감성적 심리, 즉 민족주의적 파토스가 작용하고 있다.

관점과 방법의 사유와 사상과의 관계는 (단절적이든 연속적이든) 사상의 역사를 관계적 사고(욕망의 다리놓기)의 파노라마로 만드는 요인으로 작용한다. 역사의 에이전트로서 욕망하는 주체는 역사의 정지나 휴지休止를 잠시도 허용하지 않기 때문이다. 본래 관계는 개인의 주체적 삶을 결정짓는 자신의 내적, 외적 대상들과 맺는 무의식의 관계를 말한다. 또한 관계적 사고도 주체의 내면세계뿐만 아니라 자신이 대상들과 맺는 모든 관계에 대한 사고이다. 그러므로 환경(자연)과의 관계 속에서 로고스적/파토스적 플랫폼을 구축하려는 주체의 보편적 경향성은 관점과 방법을 달리할 뿐 사상의 역사에 늘 에피스테메를 제공해왔다.

이 점은 일본사상사뿐만 아니라 한국사상사에서도 마찬가지였다. 리理와 기氣의 논쟁적 관계가 조선의 유학사를 로고스와 파토스가 대립하고 갈등하며 공존하는 플랫폼으로 만들어

왔기 때문이다. 예를 들어 조선조의 성리학자인 화담 서경덕의 유학사상을 기일원론氣一元論이나 유기론唯氣論, 나아가 유물론唯物論이라고까지 규정하는 경우가 그러하다. "학문에 격물을 우선하지 않으면 독서가 무슨 소용인가."와 같이 그는 『대학』의 '격물치지格物致知'를 읽고 먼저 격물을 통해 리理의 본원을 깨달은 후에 성현의 글을 읽는 방법을 강조했기 때문이다. 한마디로 말해 그의 관계적 사고는 독서보다 격물의 방법을 우선시한 것이다. 그의 관점은 문리文理보다 물리物理의 통찰에 근거했다. 그의 방법은 간접 경험보다 직접 경험에 충실하려 했다. 그는 noesis/noema의 관계에서 noema의 중요성을 더욱 강조한 인물이었다.

또한 사물의 이치를 파악하는 이러한 관점과 방법 때문에 북한의 『조선철학사』는 그를 조선조의 가장 탁월한 유물론자로서, 그리고 관념론에 반대하여 투쟁한 대표적인 사상가로서 극찬하기까지 한다. 결국 그의 이러한 관계적 사고는 박순朴淳, 허엽許曄, 이지함李之菡, 정개청鄭介淸으로 이어지는 화담학파나 이이李珥의 기론, 그리고 그 이후의 주기론主氣論에도 크게 영향을 끼쳤다. 그 뿐만이 아니다. 그것은 이황李滉을 비롯하여 그의 제자나 에피고네들에 의해 주리설主理論을 확립하는 대립적 계기가 되기도 했다. 그러나 이러한 리理와 기氣의 논쟁적 사고 속에도 대부분의 관계사고에서 흔히 볼 수 있는 로고스적 대립과 파토스적 갈등이 여전하다.

한편 관점이 사유방법을, 또는 방법이 사상의 내용을 결정한 경우는 동양보다 서양에서 더욱 두드러진다. 예를 들어 이성론자인 데카르트의 '방법적 회의'가 그것이다. 그는 누구보다도 기존의 지식과 그것을 낳은 관점과 방법에 대한 일체의 의심과 회의를 강조했다. 지식의 잠재적 인자형인 욕망은 데카르트로 하여금 이전의 모든 지식, 즉 인간의 욕망이 낳은 다양한 구체적 표현형들을 모두 의심하게 한 것이다.

데카르트의 『방법서설』은 한마디로 말해 기존의 관점과 방법에 대한 대중의 반역을 유도하는 지침서였다. 그러나 그것은 관점의 거부나 방법의 부정이 아니라 확실한 지식을 위해 관점과 방법의 더욱 철저한 로고스화를 강조하려는 것이었다. 그것을 가리켜 수학적 연역법을 통해 방법의 중요성을 더 한층 일깨운 일종의 방법계몽서方法啓蒙書라고 해도 지나친 말이 아닐 것이다. 또한 스피노자가 기하학적 논증방식으로 『에티카』를 쓴 이유도 그와 다르지 않다. 이들은 모두 철학사상을 수학 못지않는 엄밀학으로 만들고 싶은 생각에서 수학적 연역법을 이용한 철학자들이었다. 실제로 이들의 관점과 방법으로 인해 철학도 크게 달라졌다. 서양의 근대철학은 이들의 새로운 이성적 방법 때문에 철학의 역사가 바뀌기 시작한 것이다.

이에 반해 경험론의 선도적 사상가였던 '베이컨의 방법'은 기본적으로 귀납법이다. 베이컨은 철학사상도 새로운 과학적 지식만큼 경험적이고 객관적인 것이 되기 위해서는 아리스토텔레스의 삼단논법을 버리고 그 대신 귀납법을 채용해야 한다고 주장한다. 그러나 그의 방법은 단순한 귀납법이 아니다. 그것은 귀납법을 일종의 분류법인 세 종류의 리스트(데이터)와 결합하는 것이다. 오늘날 컴퓨터가 방대한 양의 데이터를 수집하여 그것을 분류하고 서로 연관시켜 결과를 얻어내는 것도 기본적으로는 베이컨의 방법에 따른 것이다.

한편 과학자 뉴턴은 수학적 방법과 실험적 방법을 다같이 성공적으로 이용하여 고전역학의 체계를 완성한 인물이다. 그는 먼저 적분학과 미분학에 관한 연구를 통해 운동에 관한 세 가지 법칙을 제시한 뒤 역학의 모든 체계를 완성했다. 마지막으로 그는 그것을 이용하여 종래의 잘못된 종교적 세계관인 지구중심설을 거부하고 그 대신 새로운 과학적 세계관인 태양중심설을 입증하기에 이르렀다. 이처럼 인간의 욕망은 늘 새로운 관점과 방법으로써 지知의 자기반역을 요구하고 있는 것이다.

이상에서 보듯이 방법과 반방법, 로고스화와 파토스화, 노에시스와 노에마, 이성적 인식과 감성적 인식, 연역과 귀납, 수학적 방법과 실험적 방법 등 동서고금을 막론하고 다양한 의식활동의 내용, 즉 지식과 사상/철학을 결정하는 것은 욕망을 그 나름대로 구체화하는 다양한 방법들이다. 동양이건 서양이건 사상사나 철학사가 곧 사유방법이나 지식의 전시장展示場인 까닭도 거기에 있다. 사상사/철학사는 인류가 다양한 관점과 방법으로 정신활동의 내용을 결정하는 시도를 언제 어디서나 멈추지 않고 있기 때문이다.

| 제2장 |

방법사로서의 사상사

관계적 사고란 "주체가 세계와 관계 맺는 양상을 서술한다. 이 관계는 특정한 성격 조직, 대상들에 대한 어느 정도의 공상적 이해, 그리고 어떤 특별한 방어 유형들의 전적인 결과물이다."

— J. Laplanche, J-B. Pontalis, *The Language of Psychoanalysis*

1
사상사를 어떻게 볼 것인가?

욕망이 자연이라면 금욕은 문화다. 근친혼인의 금지가 문화인 까닭도 마찬가지이다. 그것은 자연을 위반함으로써 문화가 된 것이다. 그 때문에 결혼의 본질도 위반違反에 있다. 그러나 금기禁忌가 범해지기 위해 존재하듯 위반을 불허하는 금기는 없다. 위반은 금기를 부정하는 것이 아니라 오히려 그것을 완성하는 것이다. 금기와 금욕은 위반을 통해 그 의미가 확인되기 때문이다.

금기는 욕망의 이동을 단절하기 위해서가 아니라 욕망을 (인위적으로) 소통하기 위해 만들어진다. 금기이자 불가피한 위반인 결혼이 그러하다. 결혼은, 자연인 욕망(리비도)의 위반인 금욕의 방법이 낳은 결과이다. 결혼은 욕망을 이동시킨다. 결혼을 통해 인간의 성적 충동 에너지이자 욕망의 본질인 리비도가 이동하기 때문이다. 또한 결혼은 욕망이동을 위한 다리놓기이기도 하다. 그 다리를 통해 언어와 풍습을 비롯한 각종 커뮤니케이션이 소통할 뿐만 아니라 사회적, 경제적 교류와 교환 등 집단적 욕망의 다양한 상호성도 성립하기 때문이다.

그러나 욕망의 인위적 이동은 욕망의 기존 외피를 바꿔놓거나 새로운 형식을 결정하는 것만으로 끝나지 않는다. 그것은 인간의 내면세계를 이동시키기도 한다. 인류의 이동과 함께 진행되어온 인간의 정신이동이 그것이다. 이처럼 인간의 욕망이동은 일종의 의식이동이고 사고방식의 이동이다. 문화와 같이 철학과 사상도 욕망 따라 이동하기 때문이다. 욕망은 공간적으로 이동할 뿐만 아니라 시간적으로도 이동한다. 그러므로 철학과 사상도 공시적共時的/통시적通時的으로 이동한다. 공시적(횡적) 이동이 동시대적 현상이라면 통시적(종적) 이동은 역사적 현상이다.

철학과 사상이 공시적으로 이동한다는 것은 서로 모방하거나 습합하며 이동한다는 뜻이다. 그러나 공시적 이동으로는 고작해야 철학/사상의 변형(metamorphosis)만이 이루어질 뿐이다. 습합이 설사 시차를 두고 중층적重層的으로 이루어진다고 할지라도 그것은 격세적, 불연속적 시간대에서 횡적으로 이동하는 욕망의 변형양태에 불과하다. 철학/사상과 문화의 중층적 습합은 일종의 정신적 격세유전(atavisim)이고 인위적 잠복유전이다. 그 때문에 그것은 구태의 변용적 재현일 뿐 새롭지 않다. 공시적 이동만으로는 기존의 사상에 대한 부정과 반역이 동시대에 이루어지길 기대하기 어려운 까닭도 거기에 있다.

이와는 반대로 철학과 사상이 통시적으로 이동한다는 것은 이전의 그것들을 비판하거나 부정하며 이동한다는 뜻이다. 이전의 철학과 사상을 비판하거나 부정하지 않는 통시적 계승은 지속이나 연장에 지나지 않기 때문이다. 거시적으로 보면 역사에서의 지속과 연장은 부동이고 정지일 뿐 변동이나 이동일 수 없다. 역사는 (인과적으로) 계승하고 연장하며 지속하기보다 부정하고 반역하며 새로워진다. 그러므로 사상사나 철학사에서 기존의 사상이나 철학이 지속하고 연장하는 동안 새로운 사상이나 철학의 출현은 기대하기 어렵다.

모든 역사는 욕망의 통사通史이다. 다시 말해 역사란 통시적 욕망이동사이다. 모든 역사 속에는 욕망이 관통한다. 인간의 욕망은 끊임없이 유동하기 때문이다. 그러나 욕망의 본질은 결여(dēficientia)에 있다. 인간은 본래 결여하기 때문에 욕망한다. 그러므로 인간의 욕망에는 만족이 부재한다. 욕망은 '이미'에 만족하지 않는다. 욕망은 '지금 여기에'도 늘 욕구불만이다. 욕망이 모방과 습합을 멈추려 하지 않는 것도 그 때문이다. 그러나 공시적 모방이나 습합은 결여에서 비롯된 보충일 뿐 만족을 위한 충분조건은 되지 못한다. 사상/철학의 역사도 마찬가지다. 모든 역사가 그렇듯이 사상사나 철학사에서도 인간의 욕망은 언제나 '새로움에 대한 의지'를 충동한다. 다양한 사유저장고인 사상사나 철학사가 새로움을 동인動因으로 하여 통시적으로 진화하는 까닭도 거기에 있다.

인간의 욕망은 사상의 공시적 이동보다 통시적 이동을 선호한다. 인간의 유한성에서 비롯된 창고본능과 저장욕망을 유목본능과 이동욕망이 늘 압도하기 때문이다. 모방과 습합이 전자의 방법이라면 개혁과 혁신은 후자에서 나온다. 유동하는 욕망이 사유의 정체停滯, 그리고 그 권태로움을 참으려 하지 않는 이유도 거기에 있다. 그래서 인간의 욕망은 늘 과거로부터 탈출하려 한다. 새 것을 좋아하는, 그래서 언제나 새 것을 지향하는 인간의 욕망은 권태의 진저리를 벗어나기 위해 정체를 거부하며 새로운 사유방법이나 사상을 또다시 찾아 나선다. 욕망이동사로서의 사상사나 철학사가 **사유의 유목사**遊牧史인 것도 그 때문이다.

인간의 통시욕망은 미래를 탐욕한다. 미래만큼 인간을 유혹하는 것도 없다. 인간의 욕망이 언제나 새로움을 구걸하는 것은 미래에 대한 기대와 유혹에서 비롯된다. 그 때문에 욕망은 사상사나 철학사뿐만 아니라 어떠한 역사도 그대로 놓아두려 하지 않는다. 부정과 반역이라는 모멘트가 없는 역사는 정지해 있듯이 철학과 사상의 역사도 지금까지 타자를 비판하고 부정함으로써 진행해온 것이다. 돌이켜 보면 철학이나 사상의 통시적 이동, 즉 그 이동의 역사(사상사)는 비판과 부정의 역사였다. 사상사나 철학사가 아무리 미래로 열린 역사일지라도 사유의 반역사叛逆史일 수밖에 없는 까닭 역시 그와 다르지 않다.

1 | 사상사는 방법사다.

욕망이 정지하거나 휴지하지 않듯이 사유도 정체하거나 정주하지 않는다. 유동성과 지향성이 욕망의 본질이라면 사유의 본질 또한 종횡으로 이동하는 지향성에 있다. 욕망이 이동하듯 사유도 이동한다. 인간의 사유는 욕망과 더불어 부단히 유목하며 비판하고 부정하며 반역하기 때문이다.

욕망이 구체적 활동을 통해 나타나듯 사유도 구체적으로 표현됨으로써 규정된다. 그러나 욕망은 긍정함으로써 안주하거나 만족함으로써 종결되지 않는다. 욕망은 끊임없이 유동하고 지향한다. 욕망하는 방법으로서의 사유도 마찬가지다. 사유가 멈추는 곳이나 사유가 끝나는 곳이 있을 수 없는 까닭도 거기에 있다. 다시 말해 사유는 타자들의 사유를 습합하며 유목할 뿐만 아니라 반역하며 개혁하기를 끊임없이 요구한다.

① 사유는 방법이다.

욕망은 지향指向**한다.** 욕망하는 나는 지향하는 나이다. 욕망하지 않는 내가 존재하지 않듯이 지향하지 않는 나도 존재하지 않는다. 결국 '**나는 지향한다, 그러므로 나는 존재한다**(Intendo ergo sum).' 그러나 욕망은 언제나 활동중이다. 욕망은 본래 결여缺如이고 원망願望이다. 그러므로 끊임없이 채우려 한다. 그 때문에 욕망은 무의식중에도 무엇이든 하고 싶어 한다.

욕망은 아직 신체적/정신적 에네르기로 규정되기 이전의 힘의 상태다. 욕망은 무엇으로도 규정되지 않은 미규정성이다. 아직 무방향의 지향성일 뿐이다. 그 때문에 욕망은 고정된 목표도 대상도 갖지 않는다. 욕망이 무정형적인 까닭도 거기에 있다. 욕망을 충족시키는 어떤 대상이나 욕망이 유발하는 어떤 행위도 미리 결정되어 있지 않다. 그 때문에 욕망은 비결정적이다.

욕망은 무정형적, 비결정적이므로 가설적이다. 유동하는 욕망은 무정형적, 비결정적, 가설적으로 존재한다. 또한 동력인으로서의 욕망은 신체적/정신적 에네르기이기도 하다. 욕망은 본래 무엇을 하려는 가설적 에네르기이다. 욕망이 부단히 무엇을 지향하는 것도 그 에네르기 때문이다. (가설적 에네르기인) 욕망은 신체적인 것과 정신적인 것의 경계에 있는 충동을 자극함으로써 언제나 무엇인가를 지향하게 한다.

욕망의 지향성은 자발적, 충동적으로 다양한 방법을 '강구한다.' 그 가운데 하나가 바로 사유이다. 욕망의 지향성은 방법으로써 사유한다. 지향하는 욕망에 따라 사유도 지향한다. '생각한다'는 '생각하고 싶다' 또는 '생각하려 한다'의 (말하는 이의 속마음을 드러내지 않은) 의미론적 준말에 불과하다. 대개 이성적 사유로 재단된 랑그langue나 시니피에signifié 속에는 파롤parole이나 시니피앙signifiant이 지니고 있는 감성적 의미와 음성언어의 생생한 분위기가 없다. 거기에는 원망적願望的 감정과 기분, 나아가 욕망의 지향성마저도 은폐되거나 제거되기 일쑤이다. 그러나 '생각한다'는 의미 속에는 '무엇을' 또는 '무엇에 대하여'를 명시하지 않더라도 생각하기의 목적과 의도, 즉 이성적 사유의 지향성까지도 이미 함의되어 있는 게 사실이다.

사유는 이렇듯 이성지향적 욕망의 자기실현 방법이다. 한마디로 말해 사유는 욕망의 이성지향적 방법이나 다름없다. 그러므로 인간의 사유방법이 달라지는 것도 욕망의 자기실현 방법이 달라지기 때문이다. 그것은 유동하는 이성지향적 욕망이 로고스화의 방법을 달리하기 때문이다. 시대마다 (무엇인가를) 지향하는 욕망의 플랫폼이 바뀌고 그 에이전트가 달라지면 이성적으로 지향하려는 욕망의 주체와 그의 로고스화 방식 또한 바뀌게 마련이다. 그러므로 인류가 만들어온 다양한 사유의 궤적은 욕망의 로고스화 방법의 역사가 된다. 이른바 욕망의 지향성에 따라 철학과 사상의 역사가 바뀌는 것이다.

② 사유충동과 사유유람증

역사란 유동하는 욕망의 **통시적 유목 흔적**이다. 사유의 역사도 마찬가지다. 사유의 통시적 흔적이 유동적이고 유목적이기 때문이다. 그런 점에서 사상사나 철학사는 **사유의 유목사**다. 그것은 통시적으로 유목하는 사유 방법의 역사다. 지향하는 욕망이 단지 물신숭배에서 비롯된 물품음란증(Fetishism) — 리비도가 여성의 머리카락, 발, 속옷, 스타킹 등의 물체(성기의 대체물)를 통해서 성적욕구를 충족시키는 현상 — 만으로 발현되는 것이 아니라 정신숭배에서 비롯된 사유유람증(spiritual nomadism)으로도 나타나기 때문이다.

사유유람증은 이성지향적 욕망에서 생겨난 일종의 사유관람증이나 사유유발증 등을 의미한다. 인간의 욕망은 타자의 신체적/정신적인 것들을 관음하고 관람하려는가 하면 그것들을 유람하고 싶어 한다. 타자의 사유들에 대해서도 예외가 아니다. 욕망이 의식적/무의식적으로 '지知에 대한 의지(volonté de savoir)'를 충동하기 때문이다. 동서고금을 막론하고 인간의 욕망이 사유의 유목, 즉 사유의 관람이나 유람을 멈추지 않는 이유도 마찬가지다. 또한 그렇게 함으로써 인간의 이성지향적 욕망은 지금까지 자신의 사유나 사유방법의 유발을 충동해온 것도 사실이다.

이미 정신적 실재(에네르기)로서 작용하는 이성지향적 욕망은 끊임없이 새로운 사유충동(thinking drive)뿐만 아니라 정신적 충동들(mental drives) — 무정형, 비결정의 욕망이 신체적인 것과의 경계 너머에서 일으키고 있는 제1차적 과정의 정신적인 원망願望들 — 도 자극한다. 또한 이렇게 자극받은 사유충동은 타자들의 사유, 즉 텍스트로서의 사유를 관람하거나 그들의 열린 사유공간을 마음대로 유람하게 한다.[3] 나아가 욕구불만의 사유충동은 새로운 사유를 스스로 유발시키기도 한다.

이렇듯 무정형적, 비결정적, 비실체적 욕망의 실제적 현존으로서, 그리고 실재하는 에네르기로서의 사유충동은 타자의 사유를 관람하거나 유람하며 또다른 사유(텍스트)들을 지속적으로 유발한다. 그 때문에 공시적으로는 물론이고 통시적으로도 사유의 유목현상은 멈추지 않는다. 여기저기에 사유의 사일로들(silos)이 생겨나고 사유의 유목민과 이들을 이끄는 목자牧者들이 지속적으로 출현하는 이유도 마찬가지다. 하지만 만족할 줄 모르는 이성지향적 충동 때문에 사유의 유목은 언제나 그것의 역사가 된다.

③ 사유의 허기짐과 긴장하는 욕망

사상사나 철학사는 **지적**(이성적) **허기짐의 역사**다. 사유나 사유방법은 허기짐이 낳는다. 욕망의 원천이 결여이듯이 사유의 계기 또한 허기짐이다. 사유는 앎에 대한 욕망을 충족시킬 수 없는 생득적 욕구불만에서 비롯된다. 그 때문에 사유 역시 욕망의 충동에 언제나 노출되어 있다. 태생적인 사유의 허기짐이나 지知에 대한 의지가 부지불식간에 다양한 충동적 유혹에 걸려드는 까닭도 마찬가지다.

무의식적 상념想念을 표현하는 일상 언어에서도 신체적 욕망과 사유충동은 중첩되거나 후자가 전자를 보완하기 일쑤이다. 예를 들어 '나는 이 사과를 먹고 싶다.'가 실제로는 '나는 이 사과를 먹고 싶다**고 생각한다**.'의 생략된 표현인 경우가 그러하다. 영어나 일본어에서는 아예 'I think that~'이나 '~と思う' 처럼 신체적 원망(감각적 욕망)과 정신적 사유(이성적 판단)가 접속된 원망충족적願望充足的 사유를 생략하지 않은 채 이처럼 상투적으로 표현된다. 언제나 잠재되어 있는 사유의 허기짐이 일상언어를 통해 표층화되고 자가 확인됨으로써 일시적인 해소 효과를 기대할 수 있기 때문이다.

허기짐은 그것의 해소를 위해 섭취 충동과 같은 충족욕구를 낳는다. 성적 허기짐이 인간을 '발(足) 페티시즘' ― 사춘기 소년에게 매력적으로 보였던 마르고 앙상한 여선생님의 발이 나중에 비슷한 유형의 발만 보아도 성적욕구를 충족시키는 경우[4] ― 에까지 빠지게 하듯이 결여를 본성으로 하는 욕망은 허기짐의 충족을 위해 주체를 긴장시키며 여러 가지 방법을 찾는다. 태생적 충동과 욕구가 낳은 사유의 허기짐도 충족과 해소의 방법을 부단히 갈구하기는 마찬가지다.

그러나 사유의 허기짐은 그것을 해소하기 위해 성적 허기짐 이상으로 끈질기고 지속적인 충족욕구를 낳는다. 그것은 **요람**

에서 무덤까지 수면시간을 제외하고 깨어 있는 동안 줄곧 섭취욕구의 충족을 요구하기 때문이다. 이렇듯 매순간 멈추지 않고 작동하는 사유충동은 단편적인 상식이나 지의 섭취, 일시적인 사유관음이나 유람 또는 지적 오디세이만으로 해소되지 않는다. 누구에게나 사유의 허기짐은 생득적이므로 충족의 경계인 만족滿足에 이르지 못한다. 그것은 결국 죽음으로써 무화無化될 뿐이다.

배부름과 충만함이 인간의 긴장을 이완시키고 욕구와 충동도 완화시킨다면 결여와 허기짐은 그와 반대이다. 결여와 허기짐은 인간을 늘 충동하고 긴장시킨다. 특히 성적 허기짐이나 욕망의 일차 과정인 리비도가 이미 성적 불안이나 긴장상태인 것도 그 때문이다. 그것들은 성행위(극도의 긴장)를 통해 허기짐을 해결하거나 욕구와 충동을 해소하도록 압박을 가하는 긴장상태들이다.

또한 성적 허기짐이 심신을 긴장시키듯 이성지향적 충동에서 비롯되는 사유의 허기짐이 지적 긴장을 유발하는 이유도 마찬가지다. 비정향非定向의 욕망이 정향화(또는 지향화)하는 방법 가운데 하나인 사유는 본래 욕망의 긴장 상태이자 방법이다. 사유는 이미 이성의 지향성이어야 하기 때문이다. 사유충동은 이성의 지향충동이다. 그러므로 사유는 무엇인가를 지향하고자 하는 욕구와 충동이 강할수록 이성을 더욱 긴장시킨다. 실제로 의식적인 사유는 언제나 크고 작은 긴장 속에 있다. 긴장하지 않는 사유란 무의식이나 의식이 정지된 상태일 뿐이다. 사유가 늘 허기짐인 것도 그 때문이다.

비판이나 부정은 인정이나 긍정보다 훨씬 긴장하는 사유이다. 그러므로 반역하는 사유의 역사는 단순한 긴장의 축적물이 아니라 극도로 긴장하는 사유의 흔적들이다. 사상사나 철학사가 **사유의 긴장사**, 즉 이전의 사유를 비판하고 부정하며 반역하고 개혁하려는 긴장의 역사인 까닭도 마찬가지다.

④ 다리놓기와 사유그물망

사유는 방법이다. 그것은 이성지향적 욕망의 **다리놓기 방법**이다. 다리놓기란 관계짓기이다. 욕망의 다리놓기 방법이 곧 관계짓기 방법이다. 사유는 이성지향적 욕망의 관계짓기 방법이다. 사유의 본성이 관계적인 이유도 그것이다. 사유양식의 기본 역시 관계에 있다. 그러므로 인간의 모든 사유는 관계사고(Bezhiehungsdenken)일 수밖에 없다. 내가 무엇을, 또는 무엇에 대하여 '생각한다'는 것은 나의 이성지향적 욕망이 지향하는 대상과 다리놓기, 즉 관계짓기하는 것이다.

모든 욕망이 유동적, 유목적이듯 이성지향적 욕망이 지향하는, 또는 로고스화하는 대상 또한 미리 정해져 있지 않다. 유동적이고 유목적이다. 이성지향적 욕망의 자기실현 방법인 사유가 유목적인 이유도 그 때문이다. 사유의 다리놓기 방향이나 방법이 정해져 있지 않은 까닭도 마찬가지다. 인간의 사유는 끊임없이 지향하며 다리놓기 할 뿐이다.

모든 다리는 욕망의 길(道)이다. 다리들 — 지상의 다리이건 공중의 다리이건, 가상현실의 다리(cyber bridges)이건 실제현실의 다리(real bridges)이건, 위성의 다리이건, 우주의 다리이건, 그리고 역사 속의 다리이건, 미래로의 다리이건 — 은 무정형, 비결정, 미규정의 욕망에 따라 놓여진다. 다리는 원망적 파토스의 길일 뿐만 아니라 분별적 로고스의 길이기도 하다. 지상의 모든 다리가 이동하려는 욕망의 그물망이듯 관계사고를 위한 다양한 사유방법과 양식들도 사유의 그물망이다.

사유의 그물망으로서의 다리는 공간적일 뿐만 아니라 시간적이기도 하다. 사유는 논쟁이나 유행따라 횡단하는가 하면 비판하고 부정하며 종단하기 때문이다. 지지나 동조, 공감이나 논평을 통한 사유의 공시적 횡단성이 유행사조라면 비판과 반역을 통한 사유의 통시적 종단성은 역사가 된다. 철학과 사상의 역사가 바로 그것이다.

한편 그물망으로서의 모든 다리는 욕망의 리좀이다. 다리 — 파토스적이건 로고스적이건 — 는 리좀처럼 번식하기 때문이다. 욕망은 전방위적으로 뻗어나가는 리좀들을 통해 그물망을 형성한다. 비실체적 욕망의 리좀은 지상과 공중을 포함한 현실세계의 모든 다리뿐만 아니라 가상세계의 다리들을 모조리 연결하며 열린 그물로서 현존한다. 무정형의 에네르기인 욕망은 유목적으로 이동하는 리좀의 그물망, 즉 다리그물망의 형성으로 실체화(또는 정형화)한다. 그 점은 이성지향적 욕망의 로고스화로서 실현되는 사유그물망의 경우도 마찬가지다.

예를 들어, 해석학자들이 주장하는 이른바 '관계-내-사고(Denken-in-Beziehungen)'가 그것이다. 그들이 생각하기에 인간의 사고방식은 어차피 '관계-내-사고'에 지나지 않는다. 한마디로 말해 그것은 사유의 다리놓기, 즉 의미의 '관계짓기 게임'일뿐이다. 공시적/통시적, 문자적/비문자적 텍스트 등 일체의 텍스트에 대한 의미의 해석도 마찬가지다. 그들에 의하면 모든 텍스트에 대한 해석이란 불가피하게 해석자의 '지참된 선先이해'나 '선취된 전前이해(mitgebrachtes Vorverständnis)'를 통해 이루어질 수밖에 없기 때문이다. 그러므로 그들이 주장하는 텍스트에 대한 해석의 '지평융합'도 사유의 다리놓기 방식이자 사유(의미)의 그물망 짜기나 다름없다. 라틴어 textere(실로 짜다)의 과거분사 textus에서 유래한 텍스트text 자체가 사유(의미)의 그물망임을 의미하기 때문이다.

또한 그물망으로서의 모든 다리는 유동하는 욕망의 플랫폼들이다. 본래 무정형의 비실체적인 욕망은 종횡으로 이동하며 자기실현을 위한 방법으로써 다양한 플랫폼을 만든다. 또한 수많은 에이전트들은 지상이나 공중, 가상이나 실제의 플랫폼들을 통해 욕망을 종횡으로 실어나른다. 그들에 의한 욕망의 파토스화나 로고스화가 그것이며, 공시적 횡단이나 통시적 종단 또한 그것이다.

특히 이성지향적 욕망의 자아실현 방법인 사유의 플랫폼들은 타자의 사유를 모방하거나 습합하기 위해 만들지만 그것을 부정하고 반역하기 위해 만들기도 한다. 예를 들어 지성사나 정신사 또는 사상사나 철학사라는 사유의 통시적 플랫폼들이 그것이다. 그것들은 기존의 플랫폼에 대해 부정과 해체, 반전과 반역, 변혁과 혁신 등 이전의 플랫폼과는 차별적 방법들의 제시를 통해 새롭게 다리놓기 하며 사유의 그물망을 통시적으로 형성해오기 때문이다. 결국 상이한 다리놓기 방법들의 끊임없는 출현으로 사유의 그물망은 그것의 역사가 되어온 것이다.

2 | 방법사는 반역의 역사다.

역사는 자기부정하며 진화한다. 자기부정이 곧 역사의 진화방법이다. 다시 말해 자기부정적 진화가 역사의 게임 법칙인 것이다. 역사는 긍정과 계승보다 부정과 반역을 더 선호하기 때문이다. 역사에서의 사건화, 즉 사건으로서의 역사는 주로 부정의 방법과 배반의 논리로 이루어진다. 그러므로 부정과 반역은 '**역사적**' 자격일 수 있다. 심지어 기록으로서의 역사는 부정과 반역의 보상이기도 하다. 철학과 사상의 역사도 그것이 기록으로서의 역사인 한 다르지 않다.

① 부정의 방법사

사상사나 철학사는 모두 **부정의 방법사**다. 유동하는 욕망은 정체의 권태와 진저리를 비판하고 거부한다. 비판과 반역은 욕망의 정체와 그 권태로부터 이탈과 극복의 방법이다. 철학과 사상의 파노라마도 사유의 영토화나 교조화로부터 이탈하고 극복하려는 의지를 동력으로 전개하곤 한다. 방법에 대한 비판과 반역이 사상사의 크고 작은 굴곡과 주름들을 겹겹이 접어온 것도 그 때문이다. 사상사나 철학사의 주름과 굴곡은 선행하는 사유방법에 대한 비판과 반역의 흔적이다. 이처럼 사유의 역사는 부정하는 방법들로써 끊임없이 새롭고 풍요로워진다.

비판이란 긍정적 동의나 동감과의 거리두기이다. 생각이나 느낌이 겹치는 같은 자리에서, 또는 관점이 동일한 곳에서 비교나 차이의 판단은 기대할 수 없다. 동일은 차이의 부재이기 때문이다. 그러므로 비판은 타자적이다. 타자적 관점이 곧 비판의 시작이다. 어떤 비판도 관점의 차이에서 비롯되기 때문이다. 관점이 다르면 이해도 다르고 해석도 다를 수밖에 없다. 해석이 부득이 필요한 이유뿐만 아니라 모든 해석이 해석자의 지평에 따라 달리 이루어지는 까닭도 마찬가지이다.

비판은 기본적으로 부정적이다. 정주를 싫어하는 욕망, 즉 유동하는 욕망으로 인해 관점이나 사유의 겹치기는 오래가지 않는다. 인간의 욕망은 사유의 겹치기보다 어긋나기를 즐기거나 요구한다. 비판하기가 곧 차별화 방법인 이유, 다시 말해 방법으로서의 비판이 애초부터 사유의 동일성보다 차별성을 드러내려고 하는 까닭도 그와 다르지 않다. 그러나 비판에 대해 늘 평가적인, 즉 비판을 높이 사려 하거나 좀더 중요시하려는 역사의 속성은 차별적 비판보다 부정적 비판을 선호한다. 그것이 더욱 역사적이기 때문이다.

이렇게 보면 역사는 부정의 성적표이다. 역사는 거부하거나 부정하지 않는 사건에 대해 그다지 주목하지 않는다. 역사에서의 거부권은 역사가 부여하는 기본권이자 공민권이다. 그 때문에 역사의 백미百媚는 긍정보다 오히려 부정의 기록에 있다. 진정한 역사는 이전에 이룩해 놓은 것을 반복하지 않으려는 거부와 부정에 의해 이루어진다. 그러므로 역사에서 배워야 할 것도 부정하는 방법이다. 역사가 주는 교훈 역시 거기에 있다. 역사가 선호하는 부정의 방법은 비난이 아니라 비판의 미학이기 때문이다.

실제로 역사는 부정하기 때문에 새롭게 쓰여진다. 역사에서 과거에 대한 부정과 반역은 그것이 곧 새로움의 대안이다. 그러므로 모든 **부정에 대한 의지**(volonté de négation)는 새로움에 대한 의지이다. 진정한 역사에는 늘 새로움만 있을 뿐이다. 과학의 역사뿐만 아니라 어떤 역사에서도 새로움, 즉 혁신과 창조는 언제나 거부(반전통)와 부정(전통에 대한 반역)의 결과이다.

부정否定이란 본래 중지와 단절을 전제한다. 부정은 과거를 중단시키거나 멈추게 하기 일쑤이다. 그것은 긍정하는 언설의 중단이나 지속하는 시간의 단절을 기도한다. 모든 부정은 긍정 또는 지속과 일종의 차단하기이기 때문이다. 특히 부정의 방법은 긍정적 언설을 중단하기보다 그것을 전복하기 위해 제기된다. 그렇게 함으로써 그것은 지속의 단절을 기도한다. 하지만 그 때문에 수많은 부정들은 역사적 사건(event)이 된다. 그리고 그것은 역사에서 신시대나 신기원(epoch)이 되기도 한다.

 epoch란 그리스어 epēkein(멈추다)의 명사형인 epokhē(중지 또는 일정한 시점)에서 유래한다. 또한 event도 ex+venīre(~부터 나오다, ~에서 나타나다)의 뜻에서 비롯된 라틴어 eventus에서 유래한다. 그러므로 event(사건)이자 epoch(신기원)를 이루는 부정이 과거의 사유와 차단하기 위해 판단을 중지하는 시점에서 새로운 판단의 출현을 의미하는 것은 당연한 이치일 수 있다. 부정이 신시대의 신기원을 만드는 사건적, 역사적 계기인 것도 그 때문이다.

 이처럼 역사의 추진력은 긍정보다 부정에서 나온다. 더구나 부정이 긍정보다 역사적인 까닭도 그것이 지닌 전변轉變의 에네르기 때문이다. 생각을 뒤집게 하는 에네르기, 즉 반역적 사유의 원동력은 언제나 부정의 모멘트에서 생겨난다. 역사에서 부정의 모멘트는 똑같은 힘의 크기로 작용하여 회전운동만 일으키는 물리적 모멘트, 즉 회전 우력偶力(짝힘)과는 달리 긍정보다 큰 힘으로 작용하여 역사의 진행 방향을 회전이 아닌 직선으로 나아가게 하는 에네르기이자 계기이기 때문이다.

또한 부정의 힘, 다시 말해 부정적 사유의 모멘트는 사상사나 철학사에서도 역사 일반에서와 마찬가지로 작용한다. 사유의 역사는 늘 부정하는 힘을 에네르기로 삼아 앞으로 나아가는 전변의 계기로 만들어왔다. 사상사에서도 이전의 사유에 대한 부정이나 반역적 사유는 언제나 동일성의 사유에 대한 권태와 진저리에서 벗어나게 하는 결정적인 방법과 계기가 되어왔기 때문이다.

② 긴장의 역사로서의 방법사

긴장은 해소하기 위해 생겨난다. 긴장은 해소함으로써 확인된다. 인간의 욕망과 의지의 작용에서 긴장과 해소(또는 이완)는 피할 수 없는 관계이다. 인간의 삶도 끊임없이 일어나는 긴장과 이완의 과정을 통해 진행된다. 이렇듯 인간에게 긴장과 이완은 삶의 굴레이자 조건이나 다름없다. 존재론적 의미에서 보더라도 인간의 삶 자체가 긴장이므로 죽음은 그 이완인 셈이다.

그러나 거시적으로 보면 인생에서의 이완은 있을 수 없다. 실제로 인생에는 크고 작은 긴장의 연속만 있을 뿐이다. 탄생은 생명체에 긴장이 부여됨을 의미하기 때문이다. 모든 생명체는 태어나면서부터 긴장한다. 생명의 보존을 위한 긴장은 생소한 환경에 대한 생명체의 본능적 반응이기도 하다. 그러므로 탄생이 곧 긴장이라면 죽음은 이완이라기보다 긴장의 소멸이다. 나아가 그것은 생명과 그 삶마저도 종결짓는다. 결국 죽음으로써 재단裁斷되는 삶의 길이는 긴장의 장기 지속이나 다름없다. 그 안에서 겪게 되는 긴장들의 차이 때문에 우리는 이완을 느낄 뿐이다.

삶에서의 이완은 긴장의 정도 차이, 다시 말해 낮은 정도의 긴장에 지나지 않는다. 심지어 인간 생명의 원초적 속성이나 다를 바 없이 속세의 긴장을 부정하기 위한 불가佛家의 극단적 이완, 즉 탈속 수단이 되어온 일체의 불립문자不立文字나 판단중지(epokhē), 나아가 해탈(nirvana)조차도 인간을 그 굴레에서 완전히 벗어날 수 없게 한다. 비록 낮은 정도의 이완일지라도 그것은 오로지 긴장의 하강이거나 휴지休止에 지나지 않을 뿐 장기적으로 지속되지 않는다. 그러므로 누구에게나 삶의 역정은 어쩔 수 없이 긴장의 장기지속, 이른바 긴장의 역사나 다름없다.

개인의 역사가 긴장의 역사인 까닭은 삶 자체가 크고 작은 사건의 연속이기 때문이다. 그러나 어떠한 경우에도 이완은 사건이 되지 못한다. 인간을 긴장시키는 욕망으로부터의 이완은 사건을 일으킬만한 의욕의 약화나 감정적 반응의 부재를 의미한다. 실제로 인간을 이완시키는 사건이란 있을 수 없다. '사건적'이란 의미상 '긴장적'과 동의어에 지나지 않는다. 모든 사건은 인간의 정신이나 감정을 이완시키기보다 긴장하게 하기 때문이다. 사건은 본질적으로 (이완이 아니라) 긴장과 상호작용한다.

사건의 정도가 긴장의 정도를 결정한다. 또한 그와 반대로 긴장도가 사건의 정도를 결정하기도 한다.

개인의 일상적 삶에서 일어나는 긴장은 관계적 감정이다. 긴장이란 본래 일정한 욕망이나 관념들과 관계를 맺으며 시작한다. 이때부터 욕망이나 관념들 또한 특정한 대책을 모색하기 시작한다. 이렇게 하여 일정한 수치 이상으로 올라간 정신적인 긴장은 결국 신체적 흥분처럼 신체에 특별하게 반응한다. 다시 말해 정신적 긴장은 그 역치閾値 — 생물체가 자극에 대한 반응을 일으키는 데 필요한 최소 자극값 — 를 넘어서는 순간 신체적 반응으로써 사건화되는 것이다. 예를 들어 성적 긴장이 정신적 리비도를 발생시키고, 그 리비도가 역치를 넘어서면서 성교를 감행하는 경우가 그러하다. 본래 신체 내부에서 기원하는 '내생적 긴장'은 성적 리비도처럼 일정한 정도에 도달했을 때 비로소 눈에 띈다. 성적 긴장은 역치를 넘어서면 성교나 자위행위를 통해 해결하도록 압박하기 때문이다. 그러므로 평상심에서 보면 극도의 긴장상태인 성교는 그것의 반역적 사건이나 다름없다.

한편 긴장에 대한 이러한 관계적 반응은 개인이 아닌 역사적 사건일 경우에도 마찬가지다. 역사가들은 긴장과 이완을 개인의 욕망이나 의지의 작용에서 뿐만 아니라 역사에서도 그 파노라마의 작용인作用因으로 간주하기 일쑤이다. 많은 역사가들이 역사를 흔히 긴장과 이완의 도식적(또는 인과적) 작용으로 해석하기를 즐기기 때문이다. 그러나 역사도 인간의 삶의 역정과 같이 긴장의 역사에 지나지 않는다. 긴장도의 차이가 이완으로 간주될 뿐 역사는 긴장의 강도를 달리하며 지속된다.

이렇듯 세상사世上事 역시 개인의 삶에서처럼 내생적 긴장이 역치에 이를 때 반역적 사건이 되고 역사가 되기는 마찬가지이다. 그 때문에 모든 역사는 언제나 역치를 넘어서는 극도의 긴장사태, 즉 부정과 반역의 사건에 주목한다. 부정과 반역이 역사소歷史素라면 그 역치가 곧 역사의 긴장도인 것이다. 역사에서도 그것이 동성애적이든 오이디푸스적이든 자극의 강도를 넘어선 리비도(긴장)가 예외 없이 그 해결 방법으로 역사와 또다른 성교(반역)를 감행하는 이유도 거기에 있다.

설사 역사와의 성행위가 이루어지지 못하더라도, 즉 역사의 반역을 이루지 못하더라도 역사적 긴장은 대개의 경우 더욱 증가하여 역치에 이르거나 초과하게 마련이다. 역사의 불안신경증으로 억압되어 있던 잠재적 작용인은 표면화하여 역사소(historeme)로 작용함으로써 결국 더 큰 사건이 되고 역사가 되곤 한다. 역사적 굴곡의 정점들을 이루는 혁명적 사건일수록 억압된 잠재적 작용인들이 반역과 배반이라는 역사소의 역할을 적극적으로 실천하는 것이다. 이른바 '역사에 대한 의지(volonté de histoire)'가 그 방법으로써 늘 반역하게 하기 때문이다. 돌이켜 보면 부정하고 반역하기 위한 더 큰 긴장들이 더 큰 역사적 사건을 낳는 까닭도 마찬가지이다.

2
방법사로서의 사상사

인간의 역사는 욕망의 이동사다. 인간의 욕망은 문명사나 문화사, 과학사나 기술사, 정치사나 사회사, 예술사나 종교사 등 인간의 역사인 한 모든 역사를 관통한다. 머무름을 모르는 욕망은 자연사가 아닌 어떤 역사 속에서도 유동한다. 에네르기로서의 인간의 욕망이 도리어 역사를 잠시도 머무르게 하지 않는다. 생득적인 욕망의 지향성, 그리고 거기서 비롯된 새로움에 대한 의지가 역사의 동력인動力因이기 때문이다.

욕망의 이성지향적 방법인 사유의 역사(지성사와 정신사를 포함한)도 예외가 아니다. 방법으로서의 사유, 그리고 그것의 역시로시의 사상사나 철학사도 그 기저에는 여전히 야성적 — 생득적이고 충동적인 — 이고 동태적 — **통섭적**이고 포월적인—인 욕망이 흐르며 이성적 사유로의 지향성을 작동하고 있기 때문이다. 나아가 사상사나 철학사에는 끊임없이 충동하는 욕망의 지향성뿐만 아니라 새로움의 의지가 그 방법으로써 부단히 작용하고 있기 때문이기도 하다.

1 | 사상사의 방법과 징후

역사란 무엇인가? 인간의 욕망과 역사는 어떤 관계인가? 욕망의 지향성과 그 방법은 어떻게 역사적 방법이 되는가?

그러면 욕망의 지향방법으로서의 역사적 방법이란 무엇인가? 역사와 방법은 어떤 의미연관을 갖는 것인가?

또한 역사에서의 방법과 그 징후는 무엇인가? 그리고 그것들은 어떤 관계인가? 방법의 징후는 어떻게 드러나는가?

한편, 사유방법의 역사, 즉 방법으로서의 사상사는 이 물음들에 대하여 어떻게 대답해야 할 것인가?

① 방법의 역사/역사의 방법

인간은 본래 역사적 동물이다. 인간은 역사 의존적 존재이다. 인간의 역사의식은 일종의 시간의식이다. 순수지속이 내적 시간의식이라면 역사의식은 외적 시간의식이다. 그러면서도 순수지속과 역사의식은 상호 교차적이다. 순수지속으로서의 시간의식이 의식의 지향성을 전제한다면 역사의식은 그 순수지속의 흔적 찾기이기 때문이다. 예를 들어 그것은 바둑기사가 진행해야 할 게임의 수읽기(미래의식)에 몰두하는 것과 못지않게 이미 끝난 게임에 대한 복기復棋(과거의식)도 중요시하는 것과 같다.

이처럼 인간은 누구나 역사에 대하여 우호적이다. 인간의 역사에 대한 신앙은 무조건적이다. 나아가 인간은 역사에 감금당하기를 희망한다. 인간의 욕망 저변에는 늘 역사적 강박증이나 피학증(historical complex or masochism)이 자리 잡고 있기 때문이다. 인간이 역사 속에서 안도하고, 역사로 인해 안정

감을 느끼며, 역사를 거울삼아 미래를 준비하려는 이유도 거기에 있다. 역사는 나침반에 대한 공간적 신뢰감보다 못하지 않은 시간적 나침반이다. 인간은 외적 시간의식, 즉 상황인식이 필요할 때마다, 또는 시대적 반성과 판단을 원할 때마다 가장 먼저 역사에 의지하여 확인받고 싶어 한다. 많은 사람들의 의식 속에서 역사는 (은연중에) 신학이나 경전으로 대우받고 있는 것이다.

그러나 인간의 역사의식은 이율배반적이다. 인간의 욕망은 언제나 역사에 대한 안주(머무름)와 이탈(벗어남)의 선택 앞에서 갈등하기 때문이다. 역사에 대한 의지는 안주 이상으로 이탈하려는 의지이기도 하다. 그 때문에 아이러니컬하게도 역사의 머무름 속에는 이미 거기에서 벗어나려는 반역의 출산이 잉태되고 있다. 인간의 욕망은 역사에 안주하기를 원하면서도 동시에 새로운 역사를 위해 그것으로부터 이탈의 방법을 모색하고 있는 것이다. 욕망이 언제나 과거로부터의 이탈, 그리고 과거에 대한 부정의 방법으로써 새로움에 탐닉하는 까닭 또한 거기에 있다.

이렇듯 역사는 이탈하고 부정하는 방법의 역사다. 끊임없이 새로워지려는 인간의 욕망이 그 방법의 강구를 멈추려 하지 않기 때문이다. 욕망은 본래 새로움을 지향하기 위해 내재적 자기부정을 그 방법으로 삼는다. 역사가 부정을 지향하는 이유도 다르지 않다. 역사의 지향성은 부정성에 있다. 역사는 부정당하기 위하여 쓰여진다. 피카소의 말처럼 예술가에게 자연은 강간당하기 위해 존재하듯 역사가에게 (기록된) 사건들은 부정당하기 위해 존재한다. 그러므로 역사에서의 부정과 새로움은 선과 후, 또는 표리에 불과하다. 그것들은 역사가가 규정해 놓은 해석의 경계에 지나지 않을 뿐이다.

그러면 새로움을 지향하는 역사의 방법은 무엇일까? 한마디로 말해 거부나 반역, 즉 부정의 방법이 바로 그것이다. 역사는 반역(反理나 背理)의 방법으로 인간의 욕망을 운반한다. 이처럼 욕망의 운반체인 역사는 스스로 반역한다. 역사는 반역함으로써 지속한다. 지속을 이유로 휴지기에 있는 역사, 그 머무름(정지)의 권태나 진저리가 그것에 대한 비판이나 거부, 나아가 반역을 충동하는 것이다. 사상사나 철학사에서도 머무름이나 지속에 대해 반역하려는 사유가 그 역사를 견인하는 방법인 이유도 마찬가지다. 다시 말해 이성지향적 욕망이 그 방법으로써 실천하는 사유행위가 머무름에 대한 비판이나 거부, 부정이나 반역, 반리나 배리의 파노라마를 이룰 때 그 굴곡 많은 사유방법의 흔적들은 사상사가 되고 철학사가 되는 것이다.

② 징후와 현상

새로움의 방법으로서 반역의 징후는 언제, 어떻게 나타나는가? 역사를 달리 보기, 즉 역사에 대한 비판이 역사적 변화의 징후이다. 역사의 변화는 언제나 새로움의 방법으로 이루어지지만 새로움(반역)의 조짐은 비판에서 시작된다. 그러므로 징후로서의 비판은 반역의 예후豫後가 된다. 역사에 대한 비판이 반역을 예인하기 때문이다.

비판이란 본래 인물, 행위, 판단, 학설, 작품 등의 가치, 능력, 정당성, 타당성 등을 검토하여 **평가하는 행위**이다.(『국어사전』, 민중서림) 또한 비판은 어떤 사실, 사상, 행동에 대하여 진위, 우열, 가부, 시비, 선악을 판정하고 가치를 밝혀내어 평가하는 방법을 말한다. 철학적으로도 비판은 사물의 의미를 밝혀 그것의 존재이유를 이론적 기초로 하여 **판단하는 행위**를 가리킨다.(『국어사전』, 민중서림)

특히 칸트의 비판철학에서 **비판**은 책이나 학설의 시비를 판정하는 것이 아니라 경험으로부터 독립적으로(선험적으로) 성립하는 이성의 인식능력을 밝혀내고, 그것에 기초하여 형이상학을 확립하는 작업을 의미한다. 또한 칸트는 자연과학과 수학에 관한 과학적 인식을 사실로서 승인하고, 그것이 성립하는 권리에 관한 문제를 비판이라고 부르기도 한다.(『哲學事典』, 平凡社) 이처럼 일반적인 의미에서 비판이 대상을 평가하고 판단하는 방법이자 행위라면 (칸트)철학에서 비판의 의미는 이성의 인식능력에 관한 문제이다.

그러나 사유의 역사이건 철학의 역사이건, 아니면 정치, 경제, 사회 문화의 역사이건 모든 역사에서의 비판은 그와 다르다. 그것은 기존의 역사에 대한 일종의 이의제기 방법이다. 비판은 기본적으로 역사적 관점이나 입장을 달리하기이다. 다시 말해 비판은 역사적 인물, 사건, 학설 등에 대한 존재론적 경계짓기, 인식론적 이견화異見化나 차별화 또는 가치론적 이가화異價化나 부등화不等化를 위한 방법이다. 그러므로 어떤 경우에도 역사적 비판 ― 건전한 비판이건 악의적인 비판이건 ― 의 소리는 일종의 파열음이다. 비판의 조짐은 머무름이 깨지는 동요의 징조이고 새로움을 위한 파열의 징후이다. 그러므로 역사에서 비판이 징후라면 반역은 과정이자 방법이 된다. 또한 그렇게 해서 나타난 현상이 새로움이라면 그 반역이 가져온 결과로서의 기록이 곧 역사다. 반역은 그 자체로서 역사가 아니지만 비판을 징후로 삼아 새로운 역사가 되기 때문이다.

역사적 비판의 의도는 기존의 역사적 사실을 바로잡아 새롭게 하는 데 있다. 교정 욕망이 개선 의지를 자극하는 것도 그 때문이다. 비판에는 내생적 긴장이 수반되게 마련이다. 비판은 본래 긴장적이다. 비판의 논리에는 논리적 긴장이 내재한다. 비판적일수록 그 논리는 더욱 긴장적이다. 실제로 긴장을 수반하지 않는 비판은 생각하기 어렵다. 누구나 비판하려는 순간 이미 긴장하고 있기 때문이다. 그러므로 비판의 강도가 긴장도를 결정한다고 해도 과언이 아니다.

그러나 이와 반대로 징후로서의 긴장감은 비판을 강화하기도 한다. 역사가는 역사적 작용인으로서의 긴장지수를 통해 역사적 비판을, 그리고 그것을 통해 역사의 발전 가능성을 진단한다. 또한 역사가는 그것으로써 비판의 역사성을 측정한다. 마르크스의 역사공식인 역사적 생산양식, 즉 생산력과 생산관계 사이에서 필연적으로 발생하는 긴장 방식이나 이를 모방하여 공식화한 토인비의 '도전과 응전'도 비판적 긴장관계를 역사적 동력인으로 간주하기는 마찬가지다.

심지어 아날학파의 창시자인 뤼시앵 페브르도 새로운 세계에 직면할 때마다 불가피하게 일어나는 역사적 긴장관계를 극단의 긴장도를 반영하는 **전투**, 즉 생존을 위한 싸움에 비유한다. 예컨대『역사를 위한 전투 *Combats pour l'histoire*』(1953)에서 "1896~1902, 파리. 정치적 심미적, 도덕적 투쟁과 위기. 갑자기 그리고 모든 것이 한꺼번에. 이 격변의 시기에 어린 시골사람들이 --- 생존을 위해 싸운다. 새로운 눈과 새로운 귀를, 즉 세계를 느끼는 새로운 방식을 가지고자 싸운다."[5]는 주장이 그것이다. 나아가 그는 "1850년 이후 이 세상에서 혁명을 이끌고, 인도하고 지배하던 프랑스는 알지 못하는 사이에 주도권을 빼앗기고 말았다. --- 그렇다. 이는 눈물겨운 일이다. 그리고 치명적이다. 프랑스는 파멸을 선택하였다."[6]고 당시의 프랑스 역사를 부정적으로 진단한다. 이처럼 (긍정이 이완의 조건이었듯이) 긴장은 역사적 비판의 정점에서 과거의 부정과 만난다. 실제로 역사의 진행 경로를 바꾸려는 비판적 긴장감들이 부정에 이르기까지 이완을 극도로 경계하는 까닭도 거기에 있다.

한편, 또 다른 의미에서 보면 역사에서의 비판은 치료적

(thérapique)이다. 비판이 곧 치료방법이자 행위인 것이다. 반역의 징후로서 비판은 긴장하며 치료한다. 그것의 궁극적인 목표가 역사의 체질 개선이나 개혁과 같은 근본적인 치료에 있기 때문이다. 예를 들어 아날학파가 제기하는 역사학이 바로 그것이다. 아날학파의 역사학은 방법에서 역사적 팽창주의와 전체주의의 위험을 내재하고 있음에도 불구하고 다른 역사해석에서 결여되어 있는 감성(sensibilité)이나 심성(mentalité)의 작용을 인식과 해석의 주된 요인으로 간주한다. 심성 그 자체는 역사도 아니고 역사상歷史象도 아니다. 그것은 병을 고치는 초능력을 지닌 왕에 대한 블로크의 연구에서처럼 그 때마다 역사에 삼투된 인간들의 다양한 심상心象이다. 아날학파는 이러한 심성의 시각에서 역사 속에 식어버린 체온을 되살려 보려 한다.

 이런 점에서 아날학파의 역사학은 '차가운 역사', 유리관 속의 역사인 실증주의 역사와는 달리 '따뜻한 역사', 살아 있는 역사, 다시 말해 생활사(Vivre l'histoire)를 지향하는 '**치료의 역사학**(histoire de la thérapie)'이다. 새로운 역사를 위해 그들은 '토론과 전투'를 강조하지만 그들의 반역은 소생시키기 위한 치료를 전제한다. "파당과 당파적 의견에 봉사하는 역사는 결코 아니다. 인류의 현재적 요구에 입각하여 과거에 문제를 제기하는 역사, 바로 그것이다. 이것이 우리의 독트린doctrine이다."[7] 라고 그들은 새로운 역사를 위해 단호하게 선언하기 때문이다.

 이처럼 반역은 그 목표가 치료에서 개혁으로 진행될수록 긴장도가 높아진다. 즉 그 역치閾値가 증가하는 것이다. 비판과 부정이 역사적일수록 더욱 그렇다. 그것은 더 이상 징후나 조짐이 아니라 역사현상이 되기 때문이다. 새로움의 방법으로 아날의 역사학이 아무리 치료를 전제할지라도 그 새로운 역사학의 선언에는 근본적으로 치료적 비판 대신 반역적 혁신이 자리 잡고 있게 마련이다. 예컨대 블로크의 『역사를 위한 변명 *Apologie pour l'histoire*』(1974)도 역사의 반역과 혁신을 위한 역사가의 변명이나 다름없다.

아날학파의 역사인식을 정면으로 비판하는 폴 베인의 주장도 역사를 위한 변명이기는 마찬가지다. 그는 "역사를 이해한다는 것은 표면의 소용돌이 저변에 있는 대규모 흐름을 분별해내는 데 있는 것이 아니다. 역사는 심층을 가지고 있지 않다."[8]고 하여 심성사를 기반부터 허물어 버리려 한다. 그러나 "역사는 과학이 아니며, 과학으로부터 많은 것을 기대할 필요도 없다; 역사는 설명하지 않으며 방법도 가지고 있지 않다. …… 역사가들은 인간을 행위자로 하는 진실된 사건을 이야기한다; 역사는 진실된 소설이다."[9]라는 그의 정의도 역사를 위한 또 다른 변명일 뿐이다. 이렇게 보면 역사인식의 새로운 방법이든, 아니면 그것에 대한 반방법이든 비판과 부정을 통해 잉태되는 새로운 역사학은 모두가 '**변명의 역사학**(histoire de l'apologie)'이 아닐 수 없다.

이처럼 비판과 부정은 일종의 변명이다. 그것은 기본적으로 위반이다. 더구나 그것은 무의식중에 범한 위반이 아니라 고의로 범한 계획적 위반이다. 그러므로 거기에는 고의에 수반되는 긴장감을 피할 수 없다. 결국 긴장하는 마음은 변명으로 말한다. 위반자가 변명하는 까닭이 거기에 있다. 인간의 마음은 긴장할수록 그것을 변명하려 한다. 모든 긴장은 그 이유를 변명하고 싶어 하기 때문이다. 누구에게나 숨죽이며 따라붙는 긴장은 변명함으로써 이완을 반정립하려 한다. 하지만 이완은 긴장의 해제 또는 긴장의 부재이므로 징후가 없다. 그래서 거기에는 긴장의 변명도 없고 역사도 없다.

③ 징후와 예후

인간은 예외 없이 생로병사하지만 모든 역사는 흥망성쇠한다. 전자가 자연적, 생리적 현상이라면 후자는 인위적, 역사적 현상이다. 전자가 순리적 현상이라면 후자는 반리적 현상이다. 이렇듯 역사의 형성과정에 순리順理란 없다. 역사적이란 반리적이다. 새로움이란 위반이 낳은 사건이다. 그러므로 그것은 일종의 반리현상이다.

새로움이 역사라면 그것은 반리다. 모든 새로운 역사는 위반과 반리의 역사다. 순리가 역사를 낳는 것이 아니라 반리가 낳기 때문이다. 흥-망-성-쇠의 각 단계마다 머무름의 장기지속은 내생적 긴장과 위반, 즉 반리의 계기가 부재함을 의미한다. 그러므로 역사적 휴지기의 역사는 반리의 역사소가 부재하는 역사, 즉 '역사 없는 역사(histoire sans histoire)'에 지나지 않는다. 그것은 역사적인 역사일 수 없다. 역사적이란 그만큼 반리적이다.

역사의 크고 작은 굴곡들은 반리와 배리의 양태들이다. 역사의 반리와 배리가 그 굴곡의 깊이를 결정한다. 역사의 진행은 언제나 반리적이고 배리적이기 때문이다. 역사의 흥망이 통리通利가 아닌 반리反理현상이듯이 성쇠 또한 순리가 아닌 배리背理현상인 까닭도 마찬가지다. 역사적 흥성興盛보다 쇠망衰亡의 계기는 더욱 반리적이고 배리적이다. 거기에는 대부분 혁명같은 극적 사건이 반전의 클라이막스로 흔하게 작용한다.[10]

하지만 이러한 극단적 대비현상인 역사의 흥망과 성쇠도 순간적으로 이루어지는 역전현상이 아니다. 역사의 변혁에는 반리적(또는 배리적) 징후가 선재하게 마련이다. 잠재적潛在的이건 현재적顯在的이건 그와 같은 징후 없이 나타나는 역사현상이란 찾아보기 힘들다. 단지 역치의 정도만이 역사의 징후(비판)와 현상(반역)을 판가름할 뿐이다. 이미 언급했듯이 모든 역사적 변화에는 비판과 같은 부정적 징후가 나타나는가 하면 예후나 다름없는 병적 징후로서의 비판이 선행하기 때문이다.

징후(symptom)란 현재 겉으로 나타나는 비상非常한 이상異常 조짐이다. 개선이나 개혁을 지향하는 모든 비판이 그러하다. 이에 비해 예후(prognosis)는 앞으로 내다보이는 부정적 징조이다. 예를 들어 의사가 병적 징후를 진단한 다음 그 증세의 진전을 미리 단정하는 병세를 말한다. 그것은 역사에서 비판자가 앞으로 전개될 반리적, 반역적 현상에 대해 내리는 예지적 판단(precognition)과도 같다.

징후는 역사적 피로도疲勞度를 반영한다. 역사는 징후로서의 비판을 수단으로 삼아 그 피로도를 직/간접적으로 측정하기 때문이다. 또한 역사가가 반역과 같은 피로골절 현상을 예단할 수 있는 것도 비판이라는 예후 방법을 통해서다. 비판이 역사의 피로현상과 긴장도를 증가시키지만 역사는 그 징후적 예단으로 다가오는 반리현상을 예감한다. 예를 들어 금서 처분에도 불구하고 디드로, 달랑베르, 몽테스키외, 루소 등 200여 명의 백과전서파가 1751~80년까지 35권이나 펴낸 『백과전서』 운동이 루이 15세 정권의 피로도를 반영했다면, 프랑스 대혁명(1789년 7월 14일 시작)은 서양의 근대사를 갈라놓은 가장 중요한 역사적 피로골절 현상이었다. 30년간 계속된 계몽주의자들의 비판의 징후가 출판금지, 중단, 금서칙령 등으로 이어지면서 누적된 피로와 긴장은 대혁명 같은 반리적 결과를 예견하기에 어렵지 않은 예후들이었다.

실제로 이러한 징후와 현상은 사상사나 철학사에서도 허다하게 나타난다. 사유의 역사를 점철하는 비판이나 반박들, 그리고 이어지는 새로운 철학사조나 사유방법의 출현 등이 그러하다. 사상사나 철학사에서도 대개의 경우 징후로서의 비판이 일정한 역치를 넘어서면서 비판의 예지적 판단은 이미 반리적 사조가 되기 때문이다. 예를 들어 사상사나 철학사에 등장하는 탈이념적, 반이념적 현상들도 통섭적統攝的 통리統理로서 작용해온 이데올로기의 진부함과 피로감에 대한 비판을 그 징후로 하여 시작한다.

헤겔의 절대정신에 이르기까지 독일관념론 안에 장기간 머물러온 권태로움에 대한 비판자들이 마르크스주의 같은 그 반리적 결과들을 예후하는 경우도 마찬가지다. 전통적인 형이상학을 해체하기 위한 니체의 '망치질(coups de marteau)'이 그것의 반리현상으로써 20세기 후반을 풍미한 해체주의의 예후였던 것도 그렇다. 다시 말해 니체는 생전에 자신을 가리켜 늘 '미래를 위해 글을 쓰는', 오직 미래에만 살아갈 유령 같은 존재라고 말하곤 했다. 칸트나 쇼펜하우어 같은 철학의 노동자를 신랄하게 비판하는 자신의 존재와 철학 자체가 이미 미래의 철학에 대한 예후라는 것이다. 예를 들어 "우리 철학자들, 그리고 '자유로운 정신인 우리는 낡은 신은 죽었다.'는 소식을 들었을 때 새로운 서광이 비칠 것을 느꼈다. 우리의 가슴은 감사, 놀라움, 예감, 기대로 흘러넘치고 있다. …… 기다리고 기다리던 끝에 우리의 배는 다시 모험을 떠날 것이며 위험을 무릅쓸 것이다. 인식을 사랑하는 자의 모든 모험도 다시 허용될 것이다. 바다. 우리의 바다가 다시 열리고 있다. 아마도 이와 같은 '자유의 바다'는 아직까지 없었으리라."[11]

니체의 예후를 누구보다 먼저 간파한 조르주 바타유는 니체가 주장하는 반철학적 방법을 '모든 표상방식의 전회'라고 표현한다. 1968년 5월의 학생운동을 겪은 모리스 블랑쇼도 드디어 펼쳐지려는 자유의 바다를 예감하며 "니체의 철학을 성찰하는 것은 곧 철학의 종말을 성찰하는 것과 같다."[12]고 토로한다. 대니얼 오하라도 『왜 지금 니체인가?』에서 니체 철학이라는 종말의 징후가 이제 새로움의 징후가 되어, 이른바 '거대한 춤(titanic dance)'[13]이 되어 새로운 바다의 너울로 밀려오고 있다고 주장한다.

일본사상사에서도 오규 소라이(荻生徂徠)의 화어화음주의華語華音主義에 기초한 중화성인中華聖人 신앙을 비판하는 모토오리 노리나가(本居宣長)의 신실재론적神實在論的 황조신앙皇祖信仰이 천황중심의 가족제 국가주의의 징후일 뿐만 아니라 훗날 군국주의적 제국주의에 이르게 한 국수주의의 예후가 되었던 경우도 그와 다르지 않다.

중국철학사에서 송명이학과 명청실학 간 주류의 자리바꿈에서도 근 삼백 년간 징후 → 현상 → 예후로서의 진행과정을 파노라마로 꾸미고 있다. 명대 중기에 들어와 후기 봉건사회의 위기 속에서 생겨난 개혁과 지주 계급과 자본주의적 생산양식의 출현으로 인한 시민 계급의 탄생은 철학사 밖에서 나타나는 뚜렷한 외적 징후들이다. 그러나 이학理學에서 반리학反理學, 즉 기학氣學이나 실학實學으로의 반전의 계기는 서학과 서교의 동점일 것이다. 중국 내부에서 일어난 이민족의 정치경제적 중화지배(만주족의 淸朝)뿐만 아니라 그들이 문화적 열세의 만회를 위해 묵인해온 서세동점西勢東漸은 이미 반전의 징후가 아니라 현상이 되었기 때문이다. 예를 들어 황종희黃宗羲나 방이지方以智 같은 기일원론자들의 등장이나, 경서에 의거한 '고학古學으로의 회귀'를 부르짖는 고염무顧炎武마저 실사구시, 경세치용에 기초한 실증주의를 강조하는 것도 시대는 이미 이학으로부터의 반작용 속에 진입했음을 의미한다. '심성을 공담空談한다.'는 비판으로 그치는 것이 아니라 '실實을 숭상하고 허虛를 출黜한다.'는 〈허虛로부터 실實로의〉 반역이 시간이 지날수록 그 시대의 현상이 되고, 이후를 정향定向하는 예후가 된 것이다.

이렇듯 수많은 징후(비판)와 현상(반역)은 동서의 사상사와 철학사에서 지금까지 새로움의 계기이자 방법이 되어 왔다. 다시 말해 동서사상사를 막론하고 비판은 늘 새로운 사유방법의 출현으로 이어지는 징후적 사건이 되어 왔다고 해도 과언이 아니다.

2 | 방법사의 방법과 징후

모든 역사는 방법사다. 사상사도 마찬가지다. 방법사로서의 사상사와 철학사는 내용 중심의 역사라기보다 문자 그대로 방법 중심의 역사다. 한마디로 말해 그것은 다양한 사유방법의 역사다. 방법을 수반하지 않는 사유란 생각할 수 없기 때문이다.

무엇을 생각한다는 것은 의식적이든 무의식적이든 이미 그것에 대한 사유방법이 동원되어 있음을 의미한다.

또한 징후 없이는 방법도 없다. 기호(signal)로서의 징후는 방법을 암시한다. 역사적 사건일수록 징후가 반역의 방법을 내외적으로 유인한다. 그것은 미리 드러냄으로써 위반의 방법을 예고하는 것이다. 그 뿐만이 아니다. 역사에서의 징후와 방법은 역사소를 중층적重層的으로 결정하기도 한다. 대개의 경우 징후가 역사의 지배적 원인(cause dominante)이라면 방법은 그것의 최종적 결정인이 되기 때문이다.

일종의 역사로서 사유방법의 역사는 그것 나름대로의 역사적 징후를 드러내게 마련이다. 징후로서의 비판이 새로운 사유방법의 지배적 원인이기는 마찬가지다. 그 때문에 동서의 사상사와 철학사에서도 전조前兆와 예후 없이 갑자기 돌출한 새로운 사유방법이나 사조의 예를 열거하기란 불가능하다.

① 내용과 방법

내용과 방법은 어떤 관계인가? 그 관계는 어떻게 형성되는가? 일반적으로 또는 역사적으로도 내용과 방법은 상호 의존적일 수밖에 없다. 내용 없는 방법이 없듯이 방법 없는 내용도 있을 수 없기 때문이다. 그럼에도 불구하고 오래 전부터 방법론(methodology)에 관한 논의가 다양한 데 비해 아직까지도 내용론(theory of contents)에 대한 논의 ― 내용이란 무엇인가에 대한 — 가 부족한 까닭은 무엇일까?

무엇보다도 그것은 방법이 내용을 결정하는 데 반해 내용이 방법을 결정하지는 않기 때문이다. 그러므로 (방법과 내용 간의 관계에서 보면) 어떤 콘텐츠 이론이나 콘텐츠학(science of contents)도 방법 결정론적이다. 어떤 관점에서, 그리고 어떤 방법을 선택하느냐에 따라 그 콘텐츠가 결정되게 마련이다. 좋은 방법이 좋은 내용을 결정하듯 방법이 나쁘면 그 내용도 마찬가지일 수밖에 없다. 이것은 콘텐츠를 결정하는 과정에서 방법의 선취성, 즉 방법의 선취가 불가피하기 때문이다. 철학함의 목적이 내용, 다시 말해 철학 콘텐츠를 가르치고 배우는 데 있는 것이 아니라 플라톤이나 아리스토텔레스, 데카르트나 로크, 칸트나 니체, 푸코와 데리다의 콘텐츠에서 보듯이 방법이든 반방법 또는 대항방법(contre méthode)이든 선취 방법을 가르치고 배우는 데 있는 까닭도 거기에 있다.

인간의 조망욕구는 본래 가시적/비가시적 대상을 조망하기 위해 저마다의 방법을 선취하려 한다. 인간은 '**선취된 방법**(anticipated method)'에 의해 세상을 조망한다. 인간은 누구나 나름대로의 다양한 조망렌즈를 사용하여 세상을 말하고, 글쓰고, 사색하고, 그리려 한다. 철학사는 세상을 사유하는 조망렌즈의 전시장이다. 철학사는 무엇보다도 반복을 싫어하기 때문이다. 렌즈의 종류에 따라 다양한 망원경들이 거기에 나열되어 있는 이유도 마찬가지다. 고대 그리스나 중국 선진시대의 철학자들처럼 자가망원경으로 철학적 조망을 시작한 이래 개량형, 동서양의 종합형, 조립형, 대여형, 모방이나 유사형, 그리고 이전의 모든 유형을 거부하는 해체형의 망원경들이 지금까지의 철학사를 장식해왔다고 해도 과언이 아니다. 게다가 현재 막 선보이기 시작하는, 가상과 실제의 융합현실을 조망하는 미래형 망원경이 미래의 철학사를 차지할 것이라는 사실 또한 분명하다.

그러면 거울(반성) 효과를 기대하기 위해서라도 세상을 조망하는 선취된 방법으로써 철학망원경들의 유형을 진열해보자. 인간의 거울은 인간이듯이 역사의 거울도 역사다. 철학의 거울 또한 마찬가지일 것이다.

(a) **자가망원경** : 어떤 의미에서 동서양의 고대철학사를 장식한 고대 그리스 철학자들과 중국 고대철학자들의 자가망원경 이래 동서철학사에 등장한 새로운 것은 없다. 인간의 보편적 문제의식과 사유방법은 일찍이(기원전에) 그들에 의해 제기되었기 때문이다. 선생先生은 모범적이어야 하지만 시간적 불가역성의 특혜자이기도 하다. 본래 독창성은 선취성先取性과 불가분의 한 몸이 아닌가. 하지만 그 이후에도 마르크스나 프로이트의 망원경처럼 다양한 자가망원경의 출현이 멈춰진 것은 아니다. 그것은 시간이 지날수록 더욱 지난至難한 일이지만 소수자, 즉 반역의 천재에 의해 앞으로도 지속될 것이다.

(b) **개량망원경** : 사유방법에서 새로운 발명품과 개량품을 구분 짓기는 어렵지 않다. 독창성과 선취성의 방법이 철학망원경의 전체와 부분 중 어느 쪽의 특징을 결정하는지에 따라 그 창발성과 개량성을 구분할 수 있다. 동서양의 고대철학 이래 '새로운 것은 없다'는 말은 전체적인 창발성과 독창성에서 새로운 사유방법을 발견하기가 쉽지 않다는 뜻이다. 엄밀히 말해 동서양의 철학사는 위반과 전복, 비판과 반역의 겹 주름들이 적지 않았음에도 불구하고 개량적 진화의 역사라고 해도 과언이 아니기 때문이다.

철학에서 새로운 자가망원경의 발명이 아니라 부분적인 부품의 개량은 학파와 학문적 당파성을 형성하거나 유지하고 발전시키는 정도에 불과하다. 중국유학사보다도 더욱 시초의 세계와의 원격을 두려워하는 원조주의적이고 원향주의적인 한국유학사상사나 탈원본적이면서도 습합주의적인 일본사상사에서 창발성과 독창성을 지닌 사유방법을 발견하는 일이 과연 가능할지 의문이다. 다카하시 마사야스(高橋正和)는 일본인이 '선천적으로 독창성의 유전자를 결여한 모방민족'이라는 데서 (누구보다도 솔직하게) 그 원인을 찾고 있다.

(c) **종합망원경** : 다름과 다양은 다르지 않다. 그것들은 전체를 풍요롭게 해준다. 동양과 서양은 다름으로써 세상을 다채롭게 한다. 사상과 철학에서도 마찬가지다. 동서양의 서로 다

른 사유방법이 철학의 내용도 그만큼 다양하게 하기 때문이다. 그러나 다름은 언제나 같음을 비교함으로써 다름을 의식한다. 그것들은 서로에게 인식원認識原이 되고 존재인存在因이 된다. 거기에는 그것들이 상호작용할 수 있는 원계기原契機도 있다.

다름, 즉 타자들은 거기에 욕망이 개입함으로써 긍정적/부정적으로 서로 삼투滲透한다. 모든 관계는 지배와 종속의 권력 중심적 관계라기보다 탈중심적인 삼투(osmosis) 관계이기 때문이다. 관계란 곧 삼투이다. 그것은 중심으로의 일방적 집중 관계가 아니라 상호 침식하는 쌍방적 ― 침심력의 정도 차이를 부정할 수는 없지만 ― 삼투 관계이다. 모든 존재는 상호 침식하며 삼투한다. 존재론적/인식론적 관계나 구조는 서로 삼투함으로써 이루어진다. 존재방식은 삼투방식이고, 사유방법 또한 삼투방식이다. 타자들과의 만남도 욕망이 삼투하며 이동하는 것이다.

그러면 철학의 역사 속에서 동서양의 사상과 철학은 얼마나 서로 삼투해 왔을까? 동서양 간 욕망의 폭넓은 삼투가 분명하게[14] 드러난 것은 13세기 Pax Tartarica(몽골에 의한 세계평화)가 실현되면서부터였다. 11세기에 이미 십자군이 시리아와 팔레스타인을 점령하여 동방에 대한 정보를 로마에 전한 바 있지만 동양의 정신세계가 서양에 영향을 미친 것은 13세기 이후부터였다. 당시 동양의 정신과 사상을 받아들인 대표적인 지식인은 영국의 철학자이자 자연과학자인 로저 베이컨Roger Bacon

이다. 서양의 철학자가 중국의 철학과 사상을 수용한 최초의 인물이라는 점에서 그의 철학은 서양철학사에 삼투된 동양사상의 원점이나 다름없다. 자연철학의 일환으로 쓴 그의 주저인 『대저작 *Opus Majus*』이 바로 그것이다. 가톨릭 신학에 기초한 그는 동양의 사상과 문화를 객관적 사실로 인정해야 할 뿐만 아니라 기독교 문화를 보강하기 위해서도 그것을 수용해야 한다고 강조한다. 그는 이른바 동서철학의 삼투화 방식인 서체동용西體東用, 서혼동재西魂東才를 주장한 최초의 인물이었다.

동서철학의 또 다른 삼투화 현상은 대륙이성론과 중국철학과의 관계짓기였다. 그것은 기독교적 패권주의의 전리품이자 종교적 영토욕망의 부산물이지만 동양사상의 서양수용사적 입장에서 보면 중국철학이 우회방법을 통해 이동과 삼투의 흔적을 서양철학사에 남긴 것, 특히 대륙이성론에 선사한 것이기도 하다. 전방위적으로 '땅끝까지' 유목하는 리좀적 속성을 지닌 기독교의 영토화 욕망과는 달리 철학은, 그리고 철학자에게는 언제나 사유방법상 새로움의 의지가 삼투화 욕망을 자극하기 때문이다.

우선 데카르트주의자이자 기회원인론자인 말브랑슈Nicolas Malebranche의 진원인眞原因으로서의 신과 중국철학의 리理와의 삼투 작용이 그것이다. 말브랑슈는 1704년, 20년간 중국에서 선교 활동을 하고 파리에 돌아온 리욘느A. Lionne 신부를 통해 중국철학(특히 중국의 신유학)을 배운 뒤에 쓴 『신의 존재와 본성에 관한 기독교 철학자와 중국 철학자와의 대화 *Entretien d'un philosophe chrétien et d'un philosophe chinois sur l'existence et la nature de Dieu*』(1708)에서 神과 理의 의미연관 속에서 상호 삼투의 접점을 찾으려 했다. 그에 의하면 理는 진원인 속으로 삼투되는가 하면 그의 신관 속에 투영되어 다시 나타나기도 한다. 그에게 理는 같음의 입구이지만 다름의 출구인 셈이다. 그는 특히 "우리는 만물을 理 안에서 본다(que c'est en lui[=Ly] nous voyons toute choses)."는 말에 주목하여 이를 "우리는 만물을 신 안에서 본다(que nous voyons toute choses en Dieu)."는 신성의 논리에 적용함으로써 진원인으로서의 신의 관념 안에서도 理의 성격을 발견하려 했다.

동서철학의 삼투화로 인해 그럴듯한 종합망원경이 처음으로 만들어진 것은 이른바 '중국 매니아(sino-mania)' 또는 '중국 필리아(sino-philia)'라고 불리는 라이프니츠에 의해서였다. 서양종교(서교)와 중국철학(유학)의 잡종화 또는 외유내야外儒內耶의 합유책략合儒策略으로 베이징 입성에 성공한 마테오 리치 이래 기독교의 동양 삼투화 전략의 반대급부가 라이프니츠의 철학망원경을 누구의 것보다 습합화習合化에 성공할 수 있게 했기 때문이다. 그런 점에서 라이프니츠의 사상과 철학은 서양철학사에서 동양사상과의 모범적인 습합사상 또는 방법론상 syncretism의 선구라고 해도 과언이 아니다.

중국에 대한 그의 관심은 당시 주목받던 『주역』과 이진법과의 관계에만 국한되지 않는다. 그의 관심사는 송학宋學의 이기철학과 기독교의 신관과의 관계, 태극이나 태허太虛와 공간개념과의 비교, 귀신과 천사 또는 영혼과 정령의 문제 등 폭넓은 것들이었다. 그 가운데서도 중국철학에 관한 라이프니츠의 가장 핵심적인 질문은 '중국인은 정신적 실체(substantia spiritus)를 인정하는가 부인하는가'하는 문제였다. 『중국인의 자연신학에 관한 논문』(소위 『중국자연신학론 Discours sur la Theologie naturelle Chinois』, 1716)에서 그는 우선 理를 神으로 간주하여 초세계자라고 생각했다. 그의 이성적 욕망은 무엇보다도 理의 입장에서 이른바 '정신적 실체'가 중국철학에도 존재하는지 여부를, 그리고 중국철학은 그것을 어떻게 범주화하는지를 확인하려는 것이었다.

그에 의하면 "중국인들이 과연 정신적 실체를 인정하는지, 아니면 이전에 그러한 것들을 인정한 적이 있었는지에 대해 의심해 볼 수 있다. 그러나 이 점에 대해 충분히 생각해본 결과, 나는 그들이 비록 질료에서 분리되어 완전하게 독립적으로 존재하는 정신적 실체를 인식하지 못했다 하더라도 그들 역시 정신적 실체를 인정한다고 믿게 되었다. …… 그들이 정신적 실체를 인정했는지 여부를 판결하려면 무엇보다 그들의 理 또는 질서, 모든 사물의 근거인 理 또는 법칙을, 다시 말해 우리의 신성에 해당하는 제일의 운동자를 생각해 보아야 한다."(제2절)[15]

이에 대해 그는 중국인의 제일 원리를 理라고 규정함으로써 理가 신성과의 접점임을 주장한다. 다시 말해 그는 상호 삼투작용의 모멘트를 理에서 찾으려 한 것이다. "이것은 이성 또는 모든 자연의 기초이자 가장 보편적인 이성이며 실체를 뜻한다. 理보다 크거나 나은 것은 존재하지 않는다. 이 위대한 보편적 원인은 순수하고 정적이고 심원하지만 육신이나 형태가 없다. 그리고 지성만이 이것을 파악할 수 있다. 理에서 또한 그 자체로 理인 다섯 가지 덕목, 즉 인(la piéte), 의(la justice), 예(la religion), 지(la prudence), 신(la foy)이 나온다."[16](제4절)고 하여 그는 理의 이법적 성격을 강조한다.

또한 理는 자연과 인류를 관통하는 보편적 형이상자形而上者, 즉 존재자들의 존재론적 근원이지만 천지가 생성되는 법칙으로서 생성론적 근원이기도 하다. 그 때문에 라이프니츠는 "중국인들은 理를 구 또는 원(Globe ou Rond)이라고 부른다. 나는 이것이 우리가 말하는 방식과 일치한다고 믿는다. 왜냐하면 우리는 신의 존재를 모든 곳을 중심으로 하고, 그 둘레가 없는 무한한 구 또는 원이라고 말하기 때문이다. 그 이외에도 중국인들은 理를 사물의 본성이라고 부른다. 나는 이것이 우리가 '능산적能産的 자연'이라고 말하는 것과 일치한다고 생각한다."(제8절)고 주장한다. 그는 理를 능산적 신성으로도 간주하는 것이다. 다시 말해 그는 "중국인의 理를 우리가 신이라는 이름으로 숭배하는 절대적 실체라고 할 수 있지 않을까."(제9절)라고 반문함으로써 생성적 근원으로서의 理를 기독교의 신의 개념과 같은 지평에서 융합하려 한 것이다.

서양을 계몽시킨 동양의 사유방법이나 사상과 철학의 모범은 서양의 근대철학 이후에 더욱 두드러지게 나타난다. 서양철학은 호기심 많은 매니아들(oriental manias)에 의해 신비스런 타자(동양)로부터의 습합을 광범위하게 진행시킴으로써 더 많은 종합망원경들을 만들어냈다. 서양철학의 여러 표현형들(phénotypes), 즉 동양에서 발견한 다름의 방법으로 표현을 종합화한 철학망원경들은 그 속에 동양의 유전자형(génotype)이 삼투되고 습합되어 있음을 굳이 숨기려 하지 않았다.

삼투와 습합은 종합과 다름없다. 전자가 대체로 자연적이라면 후자는 인위적일 뿐이다. 욕망과 의도가 외재적으로 개입한 종합의 방법이 습합이라면 삼투적 종합에는 욕망과 의도가 내재적으로 개입한다. 그러나 양자 속에서는 욕망이 이동한다. 본래 삼투와 습합은 모두가 욕망 이동적이기 때문이다. 삼투가 욕망을 유전자에 내재하며 자연스럽게 소리 없이 이동시킨다면 습합은 힘에 대한 의지에 따라서 욕망을 현시적으로 이동시킨다. 하지만 역사는 이동욕망이 클수록 삼투와 습합의 방법이 모두 동원되기 일쑤였음을 증명하고 있다.

(마테오 리치의 합유책략에서도 보듯이) 중국화를 통해 기독교의 소리 없는 삼투화(선교)를 시도하려는 서양의 욕망이동 전략과는 달리 이것의 반대급부로 일어난 서양인들의 동양에 대한

수용방식은 내재적 삼투화를 실행하면서도 그 이상으로 외재적 습합화를 추진해왔다. 동양을 발견한 서양의 사상들이 대개 '오리엔탈 매니아'가 되는 것도 그 때문이다. 예를 들어 중국예찬론자의 대부격인 볼테르의 『중국의 고아 *L'Orphelin de la Chine*』(1755)와 같은 희곡과 철학 소설 『자디그 *Zadig*』(1748), 그리고 당시 서양의 정치와 종교, 사상과 예술에 대한 전면적인 공격의 무기로 삼기 위해 저술한 『습속론 *Essai sur les moeurs*』(1756)이 그것이다. 특히 습속론에서 그는 동양에는 가장 오랜 문명과 종교형식, 그리고 사상과 예술의 요람이 존재하므로 '서양이 가진 모든 것은 동양에서 기인한다.'고 주장한다. 이점에서 그의 중국예찬론은 문화유전학적으로 서구 문화의 동양유전자형 또는 습합사상사적으로 서양 사상의 동양습합론이라고 해도 과언이 아니다.[17]

한편 쇼펜하우어와 니체는 서양의 철학자들 가운데 19세기를 대표하는 오리엔탈 매니아로서 짝을 이룬다. 특히 인도애호가(Indian philia)인 이들은 에드워드 사이드가 말하는 '동방(Orientalia)의 유행병'에 누구보다 심하게 감염되었기 때문이다. "인도문화에서 발견되는 '환상의 과잉'이나 '통제되지 않은 광란', 그리고 신화와 성상들의 혼돈을 혐오했고, 동양이 자신의 과거 안에 냉동되어 소생불능 상태"[18]라고 하여 인도를 비롯한 동양의 문화와 철학을 혹독하게 비판한 헤겔과는 달리 쇼펜하우어는 인도철학, 특히 불교철학의 발견과 수용을 당시 유럽 철학의 발전의 획기적인 전기가 될 것이라고 생각했다. 그는 인도의 사상과 종교적 관념을 유입하거나 그것과 삼투하는 것이 유럽사상에 근본적인 전환의 계기가 될 수 있는 새로운 르네상스를 의미한다고 믿었다.

그의 습합욕망은 초기에는 잠시 동안 우파니샤드 철학에 심취되었지만 시간이 지날수록 불교철학에 탐닉하고 그것과 습합함으로써 서양철학사에서 그를 불교철학이 그의 철학 속에 내밀하게 삼투화된 최초의 철학자로 만들었다. 쇼펜하우어는 우파니샤드가 자신의 철학을 이해하는 데 도움이 될 뿐만 아니라 유럽 사상의 근본적인 변화를 가져올 것이라고 생각했다. 그에게는 현상적 세계의 다원성이 환상임을 가르친 힌두교의 환상(māyā) 개념과, 모든 사물은 궁극적으로 하나라는 우파니샤드적 가르침이 특히 중요하게 다가왔다. 그는 사물의 명백한 분리와 개별성도 인간의 정신이 만든 환상이라는 자신의 개념과 정확히 일치하는 것으로 간주했다.[19] 무엇보다도 그는 자신의 철학과 힌두교, 더구나 나중에는 불교와의 사이에서 더 많은 유사성을 찾아내려 했다. 예를 들어 그는 브라만에서 설명하는 '의지'를 비롯한 힌두의 개념이나 '우리의 가장 깊은 본성에서 우리의 모든 것은 서로 하나이며 서로 다르지 않다.'는 불교의 가르침과 '의지와 표상'이라는 자신의 핵심적인 철학 개념까지도 동일시하려 했다.

심지어 인도를 가장 고대적이고 원시적인 지혜의 땅, 유럽

인들이 혈통을 추적할 수 있는 장소, 그들이 무수히 많은 방식으로 결정적인 영향을 받았던 전통의 땅이라고 믿었던 그는 기독교가 '그 핏줄에 인도인의 피'를 가지고 있다거나 신약성서의 도덕적 가르침도 그 역사적 원천을 이스라엘이 아닌 아시아(인도)에 두고 있다고 주장할 정도였다. 다시 말해 정신적, 윤리적으로 기독교와 종류가 같은 것은 유대주의가 아니라 브라만주의와 불교라는 것이다.[20]

쇼펜하우어가 힌두이즘Hinduism을 짝사랑하는 브라만주의자(Brahmanist)였다면 니체는 애증병존愛憎竝存의 불교주의자(Buddhist)였다. 불교는 근본적으로 초인(Übermensch)의 개념을 부인하는 '체념과 자기부정'의 허무주의 철학에 기초한다는 점에서 니체는 불교와 철학적 입장을 달리할 수밖에 없었다. 하지만 루 안드레아스 살로메Lou Andreas Salome에 의하면 그의 후기 사상, 특히 '영원회귀'의 관념은 불교로부터 영향받은 것임에 틀림없다. 니체의 철학과 불교의 유사성을 지적하는 이들의 관심이 초인보다 영원회귀에 쏠리는 것도 그 때문이다.

실제로 니체는 자신의 논증을 변호하기 위한 수단으로 불교를 참조했을 뿐만 아니라 서양의 철학과 기독교적 가치를 난도질하는 칼로써, 즉 기독교 전통의 파산을 폭로하는 도구로써도 불교를 동원했다.[21] 니체의 철학은 불교와의 삼투나 습합의 단서를 신의 폐기와 부재에서 찾는다. 그가 생각하기에 불교는 기독교처럼 형이상학적 장애물을 세우지 않음으로써 인간 실존에 관한 실증적 관점을 제공한다. 또한 그에게 불교는 형이상학적 위안의 유혹을 피하면서 인간의 고뇌에 대해서도 심리학적으로 훨씬 더 정직한 종교였다.

니체에게 불교는 미학적이며 실용적인 외양을 엄격하게 고수하는 유일한 종교였다. 그는 불교가 삶의 조건인 현실적 고통을 극복하려 한다는 점에서 기독교보다 "백배나 더 냉정하고 진실되며 객관적인" 종교라고 주장한다. 또한 불교는 신학적 교리보다 더 위생적인 체계를 갖춘 종교라고도 믿는다. 이처럼 니체는 서양철학자 가운데 매우 충실한 불교예찬론자였다. 심지어 그는 예찬을 넘어 자신이 '유럽의 부처가 될 것'이라고 주장할 정도였다.

20세기에는 동서양 간의 교류와 소통이 이전과는 비교할 수 없을 만큼 전방위적으로 활발하게 이루어졌다. 철학자들도 더 이상 문화적 처녀인구집단이 존재할 수 없을 정도로 욕망이동이 자유로운 철학적 삼투와 습합의 와중에서 사유하도록 강요받고 있다. 그러나 욕망의 이동이 공공연하고 활발한 것과는 달리 서양철학 속에서의 동양철학의 수용이나 패러디는 어느 때보다도 은밀하고 교묘하게 이루어져왔다. 서양의 철학자들이 동양인들의 현시적인 습합방식보다 내밀한 삼투방식을 선호하는 까닭도 마찬가지다. 그 때문에 20세기의 서양철학에 감추어진 동양사상의 유전자형을 찾기란 쉽지 않다.

예를 들어 하이데거의 경우가 그러하다. 실제로 하이데거의 저작에서 동양사상의 영향을 구체적으로 발견하기는 어렵다. 그가 동양사상에 무지했기 때문이 아니다. 오히려 그 반대였다. 일찍부터 동양사상에 흥미를 보인 그는 그것에 대해 상당한 지식과 식견을 가지고 있었다. 그가 특히 관심을 기울인 것은 노장사상이었다. 정치적으로 나치의 협력자로서 연합군의 지탄을 받고 교단에서 추당되어 심신이 매우 궁핍해 있던 1946년 봄, 하이데거와 대만 출신의 프랑스군 군속인 소흔의蕭欣義(일명 파울 샤오)와의 만남이 그에게는 정치적 전회뿐만 아니라 사상적 전회의 계기가 된 것이다. 동물학의 중간숙론에 비유하자면 하이데거는 성체의 숙주, 즉 최후의 종결 숙주인 반면 소흔의는 중간 숙주(intermediary host) ― 종결 숙주에 이르기 전에 발육·변태의 일부를 영위하는 유생기의 숙주 ― 가 되어 노장철학에 기생하며 성체의 숙주, 즉 최후의 종결 숙주로의 성장을 돕는다.

이들은 이때부터 『노자』를 공동연구하며 함께 번역하기 시작했다. 그 해 여름 2개월간의 휴가 기간 중에는 매주 토요일마다 만나 장석창蔣錫昌의 주석서인 『노자교고老子校詁』를 참고서로 삼아 번역과 연구에 몰두했다.[22] 이 과정에서 하이데거는 샤오(蕭)에게 조그만 의문이 풀릴 때까지, 그리고 적합한 번역어를 찾아낼 때까지 철저하게 질문했다. 이처럼 그는 중국철학 전문가에게 번역과 해설을 들으며 동양철학에 관한 수많은 정보와 지식을 구하는 농밀한 습합 시간을 보낼 수 있었다.

그의 내면에서 소리 없는 삼투화가 진행되는 동안 그는 중국철학에 더욱 더 순염馴染되고 있었던 것이다.

선禪의 직관성이나 『노자』의 시간성, 『장자』 「추수」편의 존재론적 초논리성과 일상성을 초월하는 본래성의 개시, 그리고 『노자』와 『장자』에서 無로서의 道의 개념 등에 대해 습숙習熟한 하이데거 철학의 기저에는 중국철학과 의미론적 유사성이 교묘하게 배어 있다. 그레이엄 파크스Graham Parkes의 주장에 따르면 『존재와 시간』(1927)에서 몇 개의 기본적인 주제에는 노장적인 사유방법이 엿보인다. 더구나 『예술작품의 기원』(1935~36)에는 그것들의 잔영이 짙게 드리워져 있다는 것이다.

특히 〈존재의 개시〉를 형용하는 빛의 이미지가 그것이다. 예를 들어 "존재는 스스로를 밝히며 그 밝음 속에서 일체의 존재자를 존재하게 한다. 빛 속에서 빛나는 것의 **그 빛은 빛 속에 감춰진다. 그렇지만 그 빛은 반드시 빛을 발하고 있다.**"는 표현형은 『노자』(제4장)에서 〈道〉를 형용하는 '화광동진和光同塵(없는 듯하면서도 또한 실제로 존재한다)'과 그 사유방법에서 이미 같은 연원의 한 짝이면서도 독생자獨生子인 듯이 자신의 유전자형을 절묘하게 감추고 있다.

(d) **조립망원경**: 방법상 조립은 종합과 다르다. 그것들은 창발적 욕망의 개입과 작용의 정도에서 갈라진다. 또한 그 방법들이 낳은 결과로서의 내용도 조립과 종합의 차이만큼 그 다

름을 드러내게 마련이다. 그 때문에 동서철학사를 조명하는 철학망원경도 종합형이 있는가 하면 조립형도 있을 수밖에 없다. 조립망원경은 기본적으로 기계적 조합품이다. 거기서는 새롭게 종합하려는 창견보다 기계적으로 조합하려는 기술의 발명이 더 중요하다.

근대 이후 동서양의 교류가 활발해지면서 문화적, 사상적 삼투와 습합도 빈번하지만 동서양은 타자의 수용방식에서 서로 다른 내용을 결과한다. 서양은 동양의 것을 자신의 것과 종합하려는 데 반해 동양은 서양의 것들을 그대로(완제품으로) 수입하거나 나름대로(현지에서) 조립하려 한다. 17세기 서세동점이 시작된 이래 동양에는 종합형보다 조립형 철학망원경이 더 많은 것도 그 때문이다. 특히 동도서기東道西器, 중체서용中體西用, 화혼양재和魂洋才가 얼핏 보기엔 동서종합형의 문화변용(acculturation) 현상 같아 보일지라도 실제로 그 내용에서는 서도서기, 서체서용, 양혼양재의 조립 양상이 적지 않다. 동양의 생산라인이지만 '서양의 설계도를 현지에 맞게 약간 변용시킨 채' 주로 서양의 부품들을 조립 생산해냈기 때문이다.

예를 들어 중국의 방이지方以智나 유예游藝, 일본의 미우라 바이엔(三浦梅園), 그리고 한국의 최한기, 홍대용 등이 시도한 새로운 과학적 사유방법과 내용도 그 시대의 첨단에 위치한 것이었음에도 불구하고 조립형의 지적 하부구조를 결정한 것들이었다는 평가에서 벗어나기 어렵다. 명말청초에 밀려들어

온 서학과 한역서학서의 지적 파이프 라인이 없었더라도 이들은 저마다의 철학망원경을 조립할 수 있었을까? 방이지가 『물리소식物理小識』(당시 서양의 자연과학과 자연철학을 집대성한 일종의 백과전서)과 『동서균東西均』에서 전개한 질측통기론質測通幾論[23]만 하더라도 예수회 선교사들이 소개한 약 50여 종의 서양 천문학 도서, 그리고 극황도좌표極黃道座標를 사용한 혼천의渾天儀(Armillary sphere)와 지구의를 비롯하여 당시 도입된 34종의 천문기기를 통해 습득한 지식을 토대로 조립한 것이다.

방이지의 제자인 유예游藝의 『천경혹문天經或問』은 좀더 진화된 조립망원경의 모범이나 다름없다. 유예는 자신의 지구체설地球體說을 통해 당시 중국에 온 선교사들이 서양의 자연과학을 가리켜 '질측'이라고 부른 것에 대하여 방이지가 '통기'라는 개념을 제기했던 것과는 달리 양자를 조화하는 이상적이고 완결적인 개념과 이론체계를 조립해내려 했다. 그는 스승의 '통기논리'를 계승하면서도 그의 주장을 완화하는 대신 질측이라는 서양의 자연과학적 성과, 특히 지구체설을 전통적인 유학의 언설로 재정비하려 했기 때문이다.

(e) 대여/차용망원경 : 17세기 이탈리아의 에마누엘레 테사우로는 아리스토텔레스의 수사학을 당시의 예술 전반을 논의하기 위한 유용한 관점과 방법으로 간주하여 『아리스토텔레스의 망원경 *Il cannocchiale aristotelico*』(1654)이라는 책을 출판하였

다. 그러므로 이 망원경은 아리스토텔레스의 망원렌즈를 빌려다 만든 테사우로 망원경인 셈이다. 한마디로 말해 그것은 명품을 빌려 사용한 일종의 대여/차용망원경이다.

창조적 반역이 욕망이동의 기점起點이라면 대여/차용은 그곳으로부터 이동하는 욕망의 경유지다. 그러므로 동서철학의 역사가 곧 반역(새로움의) 의지의 대여와 차용에 관한 기록보관소(archive)나 다름없다. 거기에는 테사우로의 망원경처럼 재료나 제조 방법, 대여자/차용자뿐만 아니라 원산지도 표시되어 있게 마련이다. 예를 들어 서양철학사에서 최대의 대여자들인 플라톤이나 아리스토텔레스, 헤겔과 마르크스, 니체나 프로이트, 푸코와 들뢰즈 같은 이들이 시도한 반역의 방법과 결과가 기록되어 있는가 하면 헤아릴 수 없이 많은 그 차용자들에 관해서도 망라되어 있다.

한편 동서철학사는 사유방법의 대여/차용 관계에서도 그 특징을 달리한다. 동양의 사상사에는 대여자보다 차용자의 기록이 두드러지게 많기 때문이다. 동양사상사는 다양한 차용망원경의 전시장이나 다름없다. 무엇보다도 차용강박증 때문이다. 다시 말해 차용강박증이 사상사에 다양한 대여자의 출현을 가로막고 있다고 해도 과언이 아니다. 지나치게 표현하자면 한·중·일의 사상사를 '논어수용사論語受容史'나 '논어해석사論語解釋史'라고까지 부를 수 있는 까닭도 거기에 있다. 예를 들어 송명이학이나 조선조의 성리학이 인식소(episteme)가 되어 그 역사 속에서 장기지속하고 있는 경우가 그러하다.

(f) 유사망원경 : 철학사에서 친연성과 모사성을 지닌 짝들을 발견하기란 어렵지 않다. 동서양의 철학사를 막론하고 시뮬라크르들simulacres(模像들)이 적지 않기 때문이다. 실제로 사유방법의 모사는 내용에서도 원본과의 복제성을 피하기 어렵게 한다. 예를 들어 안셀무스에서 토마스 아퀴나스에 이르기까지의 신의 존재증명이나 정약종丁若鍾이 『주교요지』에서 전개하는 신의 다섯 가지 존재증명이 그러하다.

또한 사유방법의 당파성으로 인한 학파의 형성은 대개 철학망원경의 유사품이나 복제품에 의해 이루어진다. 한역서학서들을 공통분모로 삼고 있는 명청실학파와 조선실학파들은 친연親緣과 모사模寫를 제외한다면 관계설명이 곤란한 이유도 거기에 있다. 양자는 모두 주자학적 관학 이데올로기에 대한 반성적 비판이라는 인식론적 균열 사이로 솟아오른 실학의 의지로 그 이전 시대와 인식론적 단절을 이루었다. 또한 그 단절의 과정 역시 조선실학이 명청실학과 같은 이정표, 즉 이용후생利用厚生, 경세치용經世致用, 실사구시實事求是를 달고 같은 레일 위를 달리는 열차행렬이나 다름없었다. 이런 형국의 발견은 서양철학사에서도 허다하게 이루어진다. 예컨대 같은 이데올로기나 유사한 이념적 지향성을 추구하는 헤겔 좌파와 마르크스주의자들의 반反관념론적 사유방법이나 유물론적 세계관도 한

세트의 유사망원경을 만들어내기에 충분한 것이었다.

(9) 해체망원경 : 조감욕망이 반리反理의 스펙트럼을 인간의 사유흔적 전체에로 확장할 경우 그 망원경 속에 투사된 역사들은 적어도 탈구축(déconstruction)의 대상이 된다. 그로 인해 해체주의가 출현하는 것이다. 해체는 일종의 전략이자 방법이다. 그러나 그 전략적 방법은 단순하지 않다. 그것은 기존의 시스템에 순응하려 하지 않는다. 오히려 그 반대이다. 그것의 본질은 역동적이고 적극적인 부정에 있기 때문이다. 그것이 반역과 혁명으로 이어지는 까닭도 마찬가지다. 그러므로 사유방법에서 혁명적 반역으로서의 해체주의는 이전의 모든 철학적 구축에 대한 해체나 다름없다. '**나는 다이너마이트다.**'라고 외친 니체의 선구를 따라 사유의 관점과 방식을 역전시켜온, 그래서 '철학의 종언'과 '반철학의 철학'을 부르짖어온 푸코와 데리다, 들뢰즈와 리오타르 등 새로운 전위(avant-garde)의 철학망원경 또한 그것이었다.

반철학적 해체로써 철학의 역사를 조망하는 한 그들은 모두 니체의 적통嫡統 안에 있다. 자신을 니체주의자라고 자칭했던 푸코는 해체를 직접 말하지 않으면서도 사유의 역사를 지배해 온 권력과 이성의 초과와 과잉을 줄기차게 해체하려 했다. 그는 『광기의 역사』를 통해 보편적 이성의 득세가 비非이성을 어떤 이유에서, 얼마나 무자비하게 배제시켰는지를 폭로한다. 그는 광기가 이성에 의해, 그리고 성性이 생체권력에 의해 오랫동안 일방적으로 이성과 권력의 타자로 구성되어온 비非이성의 고고학과 계보학을 쓰려 했다.

데리다의 철학에 대한 해체욕망은 누구보다도 적극적이고 직접적이다. 그는 이른바 '철학의 머리 절단하기', '형이상학의 욕망을 폭로하기', '형이상학의 파산선고', '철학적 구토와 이성의 거세' 등 다양한 해체놀이를 주장한다. 데리다는 1973년의 한 인터뷰에서 자신의 철학적 관심이 '철학의 머리를 절단하는 것, 철학을 토해내는 것'이라고 밝힌 바 있다. 그가 보기에 형이상학을 비롯한 전통적인 철학적 사유의 흔적은 로고스가 형성한 가치관적, 위계서열적, 목적론적인 현전現前의 시스템일 뿐이다. 그러므로 그것 역시 신적인 존재자로부터 변용된 또 하나의 '철학적 머리'임에 틀림없다. 그가 니체를 모방하여 신적인 존재를 모두 단두대에 올려놓아야 한다고 주장하는 이유도 거기에 있다.

그는 철학자들이 생생한 직접성을 지닌 말로 된 언어를 현전성이 없는 글로 된 언어(문자언어)보다 우위에 두어 온 것은 모두 로고스(말) 중심의 형이상학적 음모에 지나지 않으므로 그러한 위계를 전도시켜야 한다고 주장한다. 『글쓰기와 차이』에서 그가 현전성의 중독에 대한 구토와 해독解毒의 방법으로써 '차연(différance)'과 해체의 전략을 제시하는 것도 그 때문이다.[24]

한편 들뢰즈의 해체망원경은 욕망의 중심화를 표적으로 삼는다. 그는 일체의 탈중심화, 탈고정화, 그리고 파편화를 주장함으로써 누구보다도 강력하게 욕망의 파시즘을 해체하려 했다. 그가 무엇보다도 붕괴시키고 해체하려 했던 것은 욕망의 중심화, 총체화, 체계화에만 빠져버린 근대의 정주적 질서다. 그는 모든 것을 자유롭게 교류시켜 어떤 것에도 억압되는 일이 없는 사태를 실현시키려 한다. 이러한 사태는 욕망기계들의 의사소통이 종횡으로 이루어져 어떤 가로막힘도 없는 세계의 출현을 의미한다. 이를 위해 그는 습관적으로 영토를 고집하고 공간 넓히기만을 욕망하는 정주적 사고를 버리도록 주문한다. 그 대신 그는 상호 이질적인 지식이 서로 복잡하게 얽힌 '리좀rhizome'으로서의 세계를 형성해야 한다고 주장한다.[25]

리오타르가 노리는 해체 대상은 주로 인간을 미혹해온 이른바 근대적 '거대이야기(grand récit)'나 '메타이야기(métarécit)'다. 그는 모더니티의 거창한 '해방이야기들'을 본질적으로 '속죄에서 구원까지'를 약속하는 기독교적 패러다임의 세속적 변종으로 간주한다. 예를 들어 인류를 무지에서 해방시켜 줄 기식知識을 통한 진보라는 계몽주의의 메타이야기, 변증법을 통해 정신이 자기소외에서 해방된다는 헤겔의 메타이야기, 프롤레타리아트의 혁명적 투쟁을 통해 인간이 소외와 착취에서 해방된다는 마르크스의 공산주의 메타이야기, 그리고 자유로운 시장의 원리를 통해, 즉 무수히 갈등하는 자기 이익들 간의 보편적 조화를 창출한다는 아담 스미스의 '보이지 않는 손'의 개입을 통해 빈곤으로부터 인간이 해방된다는 자본주의의 메타이야기들이 그것이다.[26]

그러나 리오타르에게 이러한 근대적 신화와 신학인 해방이야기들은 더 이상 해체망원경 밖에 방치되지 않아야 했다. 그것들은 모두 이제 그 신뢰성을 상실했기 때문이다. 다시 말해 근대성의 거대한 기획은 사이비 종교의 종말론과 다를 바 없게 되었다. 그러므로 중세에 이어서 보편사적 구원을 약속하거나 탈중세적 근대사회의 인간해방을 실현하기 위해 보편적 합의를 강요하는 거대이야기들을 해체하는 대신 그 자리는 국지적인 작은 이야기들로 대체되어야 한다는 것이다.

(h) **미래망원경**. 인간이 발명한 최초의 불리적 미래망원경은 시계다. 4백 년 전 시계가 발명된 이래 인간은 누구나 미래를 보기 시작했다. 그것도 단지 선형적인 미래만이 아니라 유비쿼터스적으로 미래를 의식하기 시작했다. 인간의 의식이 시계를 통해 유비쿼터스적인 미래를 보기 시작한 것이다. 이처럼 유비쿼터스의 역사도 4백 년이나 거슬러 올라가야 한다. 시계만큼 오랫동안 미래에 대한 '유비쿼터스적'—동시뿐만 아니라 '편재적遍在的'으로—사고의 훈련을 시켜온 것도 없기 때문이다. 그러므로 시계가 없었다면 유비쿼터스적 공간의식도 그만큼 부족했거나 지연되었을 것이다.

철학은 이제 미래를 다시 본다. 미래를 새롭게 철학한다. 철학은 더 이상 물리적 시계만을 통해 미래를 보려 하지 않기 때문이다. 그러므로 철학의 미래망원경도 새 것이어야 한다. 신인류의 욕망은 오직 물리적인 몸만으로 살던 시공간에서 가상적인 몸과 더불어 살아야 하는 시공간으로 빠르게 이동하고 있기 때문이다. 미래의 철학도는 물리적인 것과 가상적인 것의 융합현실에서 철학을 모색해야 한다. 그렇게 하기 위해서 미래의 철학망원경은 (물리적인 몸의) 탈신체화뿐만 아니라 (가상적인 몸의) 새로운 신체화에도 익숙해져야 한다.

예상컨대 미래의 철학도는 디지털 인텔리전트들이 될 것이다. 디지털 인텔리전스에 의한 인터넷 혁명이 시공간 의식을 바꿔놓을 것이기 때문이다. 이를 가리켜 프랜시스 케언크로스는 정주적 거리의 프리미엄이 사라지면서 나타난 '거리의 소멸(The Death of Distance)' 현상이라고 말한다. 디지털 지구에는 거리도 소멸되었을 뿐만 아니라 중심도 사라진 무구조의 동시편재적 아고라일 뿐이다. 거기에는 욕망을 이동시킬 일정한 발착지도 없다.

인터넷에는 원근법이 없다. 인터넷으로 통하는 디지털 지구에서는 영토라는 국지역인 폐역들을 하나로 통섭하는 광대역廣帶域의 세계, 즉 일체의 경계가 사라진 세계뿐이다. 그러므로 폐쇄적 단선형 아날로그 네트워크에서만 조망하던 철학망원경은 개방적 프랙탈 네트워크 — 인터페이스가 만드는 새로운 우산형 네트워크 — 로 바뀌는 '확장현실'을 조망할 수 있는 미래망원경으로 빠르게 교체해야 한다. 미래의 철학에는 '요람에서 무덤까지'만이 아니라 '현실에서 가상까지' 확장된 무한공간을 자유자재로 넘나들며 **통섭**하는 인터페이스 망원경이 필요하다.[27)]

이상에서 보면 자가망원경에서 미래망원경까지 동서양의 철학사는 다양한 사유방법이 만들어낸 망원경의 역사다. 다시 말해 그것은 콘텐츠의 역사가 아니라 결국 선취 방법의 역사다. 철학의 역사는 우리에게 배워야 할 것도 선취하는 방법임을 교훈적으로 말해준다. 철학은 콘텐츠학이 아니라 방법학이어야 하기 때문이다. 독창성과 창의성이 강조되는 내용일수록 더욱 그렇다. 한마디로 말해 철학이 곧 방법인 이유가 그것이다.

또한 철학자뿐만 아니라 역사가에게 요구되는 과거와 만남의 방식도 그와 다르지 않다. 대부분의 역사적 기록은 역사가의 '선취된 방법'에 따라 그 내용이 달라지게 마련이다. 역사가 언제나 '왜곡의 유혹'에서 자유로울 수 없는 까닭이 거기에 있다. 실증사학자들의 염원에도 불구하고 역사의 본질이 상당 부분 왜곡에 있다고 해도 지나치지 않은 이유도 마찬가지다. 역사의 본질 또한 인간이 남긴 지나간 욕망들의 흔적 찾기에 있으므로 역사는 어디까지나 욕망들의 대화공간이다. 역사는 현재의 욕망과 과거의 욕망들 사이에서 벌어지는 선택적 대화의 장소일 수밖에 없다. 그것은 대화가 아니라 역사가의 독백(monologue)이다. 다시 말해 역사는 현재의 욕망이 과거의 욕망으로 떠나는 독백여행이다. 독백인 한 주관적일 수밖에 없고 그것의 선택적 흔적 찾기도 결국 왜곡의 유혹을 거부하기 어렵다.

그 때문에 아날학파는 좀더 심성과 심상의 근저까지 들추어내는 입체적 독백의 방법을 모색한다. 다시 말해 인간의 거울은 다양한 인간이듯 역사의 거울 또한 다면적인 역사이기 때문이다. 그들은 나름대로 거기에서 방법의 선취성을 발견하려 한 것이다. 하물며 사상사나 철학사의 방법은 더욱 그렇다. 일반적인 역사보다 더욱 주관적 성찰의 흔적과 사유의 결과에 의존해야 하는 사상사나 철학사의 경우 선취된 방법은 그 내용을 결정하는 가장 중요한 요인임에 틀림없기 때문이다.

주지하다시피 방법이란 대상을 '보는(관찰하고, 이해하고, 해석하는)' 방법이다. 한마디로 말해 방법이 곧 관점이다. 그러므로 방법을 달리하기는 '관점을 달리하기'이다. 한 가지 내용일지라도 다양한 관점이 그만큼 내용을 풍부하게 하는 것도 그 때문이다. 헤겔의 관념사관과 마르크스의 유물사관이 역사에 대한 이해를 정반대로 향하게 할 수밖에 없는 이유나 페브르와 블로크, 그리고 브로델이 이끈 아날학파의 사회사(또는 문제사), 전체사, 심성사(histoire des mentalités)가 정치적 지배권력 중심의 단선적인 연대기적 역사와 다를 수밖에 없는 까닭도 마찬가지다.

  실제로 아날학파의 역사학은 일종의 '콘텐츠학(science of contents)'이다. 역사학에서 아날학파의 공헌은 무엇보다도 복잡한 인간 세상에서 작용하고 있는 복잡성의 발견에 있다. 그들의 역사학은 복잡한 역사현상을 가로지르는 다양한 질서의 목격이나 다름없다. 라틴어의 com+plexus, 즉 '함께 엮음'의 말뜻 그대로 인간이 사는 세상은 어디나 복잡한 성질들, 즉 복잡성으로 함께 엮여져 있기 때문이다. 그러면서도 그들이 바라보는 세상의 복잡함이란 나름대로의 전체적 질서를 가진 복잡함이다. 아날의 관점과 방법으로 보면 복잡한 역사소들로 이루어지는 역사현상도 마찬가지다. 아날학파는 역사적 단순화가 아니라 총체적 소생을 위해 가능한 한 복잡화를 지향하고 있다. 그 때문에 아날의 역사학은 이른바 '복잡계 역사학(history of complexity)'이라고 해도 과언이 아니다.

  한편 그들은 (당시의 지적 상황으로 미루어 보아 아마도) 베르그송 철학의 영향을 받은 벨기에의 화학자이자 물리학자 일리야 프리고진I. Prigogine의 카오스 이론 — 복잡계 이론의 원형과 토대가 되었던 — 에서 새로운 역사 인식을 위한 지적 영감을 받았을 가능성이 크다. 이른바 『새로운 연합 *La Nouvelle Alliance*』 또는 『혼돈으로부터의 질서 *Order out of Chaos*』에서 비가역 과정의 열역학을 체계화하고 '산일구조散逸構造' 이론을 정립한 그의 카오스 이론은 아날학파로 하여금 역사의 실증강박증이 가져다주는 단순구조화나 선형논리화에서 벗어나게 하기에 충분한 것이었다.

실제로 역사의 본질에 대한 사유방법에서 문제사적 전체사, 즉 역사소들의 새로운 연합을 설명하는 아날학파의 '유기체의 역사학'은 프리고진의 사유방법과 매우 흡사한 혈연적 유사성과 근친성을 나타내고 있다. 아날학파의 역사방법론에서 역사소의 복잡성, 비선형성非線形性을 발견하기 어렵지 않은 것도 그 때문이다.

복잡계의 세계는 무수한 요소가 상호작용을 통해 만나며, 서로 운동하고, 새로운 것을 동적으로 창발해가는 상호연관적 세계다. 복잡성은 세계의 혼돈성이 아니라 상호관련성이다. 다시 말해 복잡계의 세계는 우주이거나, 물질이나 생명의 세계이거나 또는 인간사의 사회현상이거나 역사현상이거나 모두가 상호연관된 동적 세계이고 동적 현상이다. 한마디로 말해 세계는 복잡계다. 그러므로 이 세계에 대한 인식 또한 상호 연관적이어야 한다.[28] 심성사心性史를 강조해온 브로델F. Braudel도 1985년 10월 3일간 열린 '브로델의 날'에서 "나의 역사 개념은 …… 전체사의 개념, 즉 모든 인간과학에 의해서 부풀려진 역사이다. 단지 그것들 중에서 하나를 선택하여 그것과 연결하는 것이 아니라 모든 인간과학과 같이 사는 것"[29]이라고 밝힌 바 있다.

이처럼 아날학파는 실증사학자들과는 달리 과거의 정치현

실에 대하여 '있는 그대로'의 기록가능성을 기대하지 않는다. 그들은 더 이상 사실적 기술을 통한 과거와의 객관적 대화를 시도하지 않는다. 특히 정치사에서 객관적 진리를 찾아 헤매는 구도자의 모습을 포기한 블로크가 실증사학자들과는 달리 단선적인 정치상황뿐만 아니라 사회구조와 그 속에서의 인간의 삶을 가능한 한 총체적으로 재생시키려는 전체사적 방법[30]을 강구한 이유도 거기에 있다. 일찍이 역사가 미슐레J. Michelet가 '지식의 한 구획을 나머지 것들로부터 고립시키려는 사람들에게 재난이 있을 것'이라고 경고하는 까닭도 마찬가지다. 서로 다른 아주 소원한 것처럼 보이는 분야들도 실제로는 하나로 연결되어 있고, 아니 애당초 복잡해 보이는 그것들 모두도 질서정연한 체계를 형성한다는 것이다.

또한 방법이나 관점에 따라 내용이 달라지는 것은 아날학파 역사학의 경우뿐만 아니라 동서의 사상이나 철학사에서도 다를 바 없다. 예를 들어 특정한 철학사조나 시대정신의 복합적 에피스테메를 강조하면서도 그것들의 '건축학적 통일성 (unites architectonique)'을 주장하는 프랑스의 철학사가 게루M. Gueroult의 건조술적 방법이 그러하다. 그것은 역사적 인물들과 그들의 철학사상을 오로지 통시적으로만 배치하는 데 그친 선형적, 연대기적 방법과 그 내용을 달리하기 때문이다.

또한 일본사상사를 떠받치고 있는 두 가지 기축基軸인 황국皇國사관과 습합褶合사관도 일본사상사의 궤적과 내용을 달리하기는 마찬가지다. 일본의 대부분의 지식인들은 종교, 사상, 예술 등 일본 문화 전반의 구조적 특징을 잡거적 습합성에 비유한다. 문화적 처녀인구집단에 시대마다 다양한 외래문화가 흘러들어와 습합된 잡거상雜居狀을 이루었기 때문이다. 야나기다 쿠니오(柳田國男)는 이를 두고 일본문화의 '고드름' 현상이라고 규정한다. 일본문화의 구조를 상징하는 문화고드름은 오랜 기간 동안 다양한 유전소질들이 융합하고 중첩되어 습합이라는 특징적인 유전기제를 역사 속에 형상화했기 때문이다.

또한 소설가 엔도 슈사쿠(遠藤周作)는 일본의 종교를 외래종교들이 흘러들어와 고인 늪지에 비유하여 이른바 '소지沼地문화론'을 주장한다. 그러나 일본문화의 역사적 파노라마에서 초생물학적 습합 유형에 대한 언설은 이러한 고드름문화론이나 소지문화론에만 국한되지 않는다. 일종의 풍토결정론이기도 한 문명 교차론이나 문명 종착역론뿐만 아니라 도가니문화론과 문화 용광로론이나 조립문화론 등도 모두 습합을 일본문화사나 사상사의 초생물학적 유전인자로 전제한 것들이기 때문이다. 이처럼 화습和習은 일본문화의 역사적 결정요인으로서, 일본역사 전반을 관통하는 유전소질로서 줄곧 습합사관의 방법이 되어왔다고 해도 과언이 아니다.[31]

그러나 일본문화사나 사상사를 해석하는 관점이나 방법이 타자 의존적 습합론이나 습합결정론에만 국한되지는 않는다. 텍스트의 해석은 본래 관점이나 방법의 인터페이스interface다.

그것이 한 가지로 제한되지 않는 것도 그 때문이다. 해석자가 어떤 관점과 방법으로 텍스트와 서로 대면하느냐에 따라 해석의 내용이 달라지게 마련이다. 습합사관과는 반대로 일본사상사에 대한 반습합적, 자존적 해석방법이 줄기차게 제기되어온 까닭도 거기에 있다.

국수주의 국학자였던 모토오리 노리나가(本居宣長)는 『직비령直毘靈』의 첫 문장에서 "일본국은 경외하는 황조신皇祖神 아마테라스 오오미카미(天照大神)가 출현하신 나라다."라고 하여 중국과 한반도에서 도래한 객신을 추방하고 그 자리를 국신이 차지하게 함으로써 일찍이 본국중심주의의 황조 신관을 강력하게 제기한 바 있다. 그러나 이보다 더 본격적인 황국사관의 등장은 메이지 시대에 이르러서였다. 국교와 황교皇敎의 이중 교주로서 천황이 통치하는 메이지 제국은 신민이 천황을 현인신으로 신앙하는 종교국가일 뿐만 아니라 군부君父로 간주하는 가족제 국가이기도 하다. 심지어 천황종가론을 부르짖는 평론가 다카야마 쵸규(高山樗牛)는 『우리나라 국체와 새판도我國體と新版圖』(1897)에서 "황실은 종가이며 신민은 말족末族"이라고까지 주장한다. 도쿄대학 초대 총장을 지낸 가토 히로유키(加藤弘之)도 "건국 이래 제실帝室은 일본민족의 종가"라고 하여 천황종가론에 기초한 황국사관을 다시 한번 확인시켜준다. 시간이 지날수록 황국사관은 어느 사이에 본국중심주의에서 가족제 국가주의로 강화된 것이다.

이상에서 보았듯이 방법과 내용의 관계는 입구와 출구의 관계와 같다. 욕망이동의 역사에서 입구는 출구를 위한 것이고 출구도 입구가 있으므로 존재하는 것이다. 사유의 역사에서도 입구로서의 방법과 출구로서의 내용이 지닌 역할과 의미 또한 그러하다. 사유하는 방법의 강구는 누구나 이미 이성지향적 욕망의 입구에 진입했음을 의미한다. 이에 반해 사유의 내용을 언설로 표현할 경우 욕망은 그 출구를 빠져나온 것이나 다름없다. 동서철학사의 어떤 내용이든 철학의 모든 콘텐츠는 사유방법의 표현형(phénotype)이자 '현상으로서의 텍스트(phénotexte)'가 되기 때문이다.

② 방법사로서의 사상사

방법으로서의 사상의 역사는 방법(method) 중심의 사상사다. 사유작용에서는 사유방법(관점)이 내용(contents)을 결정할 뿐 내용이 방법을 결정하지는 않는다. 역사인식에서도 마찬가지다. 다큐멘터리나 실록實錄 — 방법사의 입장에서 보면 실록은 사실이나 사건의 내용에 대한 방법부재의 기록일 뿐 역사가 아니다 — 처럼 단순히 사건이나 사실에 대한 내용중심의 기록으로서의 역사를 제외하면 모든 역사에는 방법사관론方法史觀論이나 역사적 방법우선론이 작용하고 있다. 사료의 선택에서부터 기록과 해석에 이르기까지 가치중립적인(value-free) 역사는 있을 수 없다. 역사라는 텍스트는 그것 자체가 관점, 가치,

이데올로기 등 다양한 역사소들이 개입하여 작용하는 인터페이스의 속성을 지니고 있기 때문이다.

(a) 통시적 방법과 공시적 방법

그러면 어떤 방법들이 방법의 역사를 장식해왔나? 모든 역사는 관점, 즉 방법의 실험실이자 경연장이라고 해도 지나친 말이 아니다. 사건으로서의 역사(res gestae)이건 인식으로서의 역사(historia rerum gestarum)이건 역사의 본질은 통시성이다. 역사적이란 '통시적(diachronique)'임을 의미한다. 역사가 곧 통시태通時態인 것이다. 카E.H. Carr도 역사란 역사가와 사실 간의 부단한 상호작용의 과정이며, 현재와 과거 사이의 있었던 것에 대한 대화라고 하여 역사적 사실과 그것에 대한 인식 사이, 한마디로 말해 현재와 과거 사이에서 일어나는 인터페이스의 역사주의적 통시성을 강조한다.

역사주의는 기본적으로 통시적, 연속적, 즉 세로내리기의 관점에서 역사를 해석하는 역사인식의 방법이다. 다시 말해 역사주의는 정치, 경제, 사회, 문화, 사상 등 인간의 삶에서 일어나는 모든 현상이란 본질적으로 역사적이며, 따라서 통시적인 제약 속에서 변화하는 것으로 파악되어야 한다는 입장이다. 실제로 방법사를 관통해온 이러한 역사주의적 방법 가운데 대표적인 것이 고대 그리스인의 역사관인 순환사관, 아우구스티누스가 주장하는 중세기독교의 초세속적 진보사관, 볼테르와 콩도르세의 근대적 진보사관, 그리고 일본 국수주의자들의 역사 신앙인 황국사관 등이 여기에 속한다. 실체주의적 주체를 역사인식의 주체로 간주한 마르크스의 물질주의적 역사관이나 사르트르의 실존주의적 역사관도 역사주의를 대변하는 것이기는 마찬가지다. 특히 사르트르는 역사를 연속적이고 진보적인 것도 아니며 절대적 의미를 지닌 것도 아니라 역사를 사는 개인에 의해 만들어지는 것이라고 생각한다. 그러면서도 그는 역사를 그것이 나온 과거에 의해 현재에 주어지는 것이 아니라 개인이 그것을 각자의 상상력 속에서 투사하는 미래에 의해 현재에 주어지는 것이라고 간주한다. 이처럼 그의 인간(개인)주의적 역사인식도 통시적 궤적을 벗어나려 하지 않는 점에서 역사주의적이다.

한편 이와는 반대로 사르트르의 역사주의는 그것을 불신하고 거기에 반발은 역사방법을 초래하기도 했다. 다름 아닌 구조주의 역사인식이 그것이다. 그것은 **가로지르기**의 관점에서 역사를 해석하는 이른바 공시적(synchronique) 방법이다. 그러므로 구조주의 입장에서 보면 역사의 본질은 공시성에 있다. 역사도 다름 아닌 일종의 불연속적, 단절적 공시태共時態인 것이다. 실제로 레비스트로스를 비롯하여 알튀세, 라캉 등 구조주의자들의 역사인식이 바로 그것이다.

레비스트로스는 지금까지 오직 자료를 실증적으로만 수집하고, 그것을 실증적 이론으로 설명해온 사유방법과는 전혀 다른 차원에서, 즉 인간생활이나 사회 시스템 속에서 작용하는 무의식적인 구조를 발견함으로써 인과적 연속성의 관점에서 역사현상을 설명할 수 있는 여지를 남겨 놓지 않았다. 그는 모든 인간들이 구비하고 있는 보편적인 심리적-생물학적 본성에 대한 심층적이고 암묵적이며 생득적인 구조를 탐구하는 것이 인과적, 시간적 역사현상 속에서 개인을 탐구하는 것보다 인간의 본성에 대한 올바른 이해방법이라고 생각했다. 그의 연구가 주로 친족이론, 신화의 논리, 그리고 원시적 분류이론에 집중된 것도 그 때문이다.

알튀세의 '중층적重層的 결정(surdétermination)' 방법도 역사주의 인식방법에 비하면 반反방법이나 다름없다. 구조주의 마르크스주의자인 알튀세에 의하면 "모순은 사회의 전체적 구조와 분리될 수 없다. 그것은 사회의 공식적인 존재조건들과 분리될 수 없으며, 심지어 각 계기마다 그것은 지배적이다. 그것은 존재조건들로부터 영향받고 결정도 할 뿐만 아니라 반대로 결정되기도 한다. 또한 사회구성체의 다양한 수준과 계기에 의해 결정된다. 그것은 원칙상 중층적으로 결정된다고 불릴지도 모른다."[32]

이 개념은 알튀세가 조잡한 경제결정론을 피하기 위하여 본래 「히스테리에 관한 연구」에서 몽상작용이란 반드시 여러 요인들이 응축되고 대체되면서 중층적으로 중첩되어 결정된다는 프로이트의 이론을 차용한 것이다. 그는 토대결정론적 역사해석을 거부하고 상부구조의 활동도 인정하는 사회적 총체성을 설명하기 위해 이 개념을 사용한다. 다시 말해 일정한 사회 내에서 역사적 존재와 역할이 부여된 표상들(이미지, 신화, 관념)의 체계, 상부구조가 토대에 상호작용하며 역사를 중층적으로 결정한다는 것이다.

이상에서 보듯이 구조주의적 사유방법은 기존 의미에서의 합리와 비합리, 언어와 사물의 경계를 철폐하고 역사적, 시간적 과정들의 복원가능성 대신 공시적 구조 또는 시스템의 분석에 역사적 역할을 부여한다. 그렇게 함으로써 인간의 세계와 삶에 대한 이해도 구조의 발견과 더불어 지금보다 그 이상으로 확대된다는 것이다. 특히 구조주의자들은 사회와 역사에 대한 인식방법에서 더욱 그렇게 생각한다.

그러나 이러한 반방법적 관점과 주장으로 인해 구조주의자들은 실존주의와 마르크스주의 진영으로부터 '역사와 구조'라는 논쟁에 불려 나와야 했다. 사르트르와 레비스트로스 간의 '실존주의 대 구조주의 논쟁'이 그것이고, '구조주의는 역사적 발전을 설명할 수 있는가?'라는 실존주의 진영의 질문이 그것이다. 사르트르에 의하면 구조주의는 현재에 존재하는 공시적 구조, 즉 사회와 문화의 특정한 공시태를 해명할 수는 있어도 구조의 이행, 즉 통시적 발전인 사회와 역사의 능동적 운동을 분석할 능력이 없다. 그러므로 구조주의는 현 질서를 변호하는 이데올로기에 불과하다. 실존주의와 마르크스주의는 역사의 주체와 그 능동적 실천이야말로 모든 것의 근원이라고 주장하고 주체가 있기 때문에 역사는 발전하고 변혁할 수 있다고 말한다.

이에 대해 레비스트로스는 개인적 주체란 결코 자립적 실체일 수 없으며, 따라서 그것은 역사의 근거가 될 수 없다고 응수한다. 오히려 그것은 구조의 결과일 뿐 구조의 담당자 이상일 수 없다고 반박한다. 다시 말해 주체가 관계를 만드는 것이 아니라 관계가 주체를 구성한다는 것이다.[33] 라캉과 알튀세가 주체란 무의식의 관계와 구조가 만들어내는 이데올로기적 주체일 뿐 결코 근거로서의 실체일 수 없다고 주장하는 이유도 마찬가지다. 결국 구조주의자들에게 인간을 안다는 것은 주체의 총체가 아닌 구조 내지 '관계의 총체'를 아는 것이나 다름없다.

나아가 포스트-구조주의자들의 역사이해의 방법은 구조주의자들의 그것보다 더욱 불연속적이고 단절적이다. 특히 푸코의 저서 대부분이 '역사'라는 단어를 제목이나 부제목으로 사용하고 있지만 어떤 경우에도 그것은 역사주의가 말하는 역사가 아니다. 그의 역사 인식 방법인 지知의 고고학이나 권력의 계보학도 역사주의의 방법과는 거리가 멀다. 그에 의하면 "르네상스 시대에서 오늘에 이르기까지 유럽 정신은 아무리 중단 없는 운동을 진행해왔다 할지라도 우리는 어떤 경우에도 그 과정이 어떠했는지를 알지 못한다. 뿐만 아니라 역사가는 오늘날까지도 그것에 대해 아무 말도 할 수 없었다."[34] 오히려 역사가들이 해온 일이란 '표면적 결과들'을 분류하고 목록을 작성하는 것에 불과했을 뿐이다.

그에 지적에 의하면 역사가들은 관념이란 보다 심층에 놓여 있는 체계(systéme)에 대한 반영이라는 사실을 알지 못했고, 이 점이 바로 그들이 관념들 사이의 관계를 설명하는 데 실패한 원인이었다는 것이다. 이러한 관계들은 표면 밑에 깊숙이 묻혀 있어서 전적으로 새로운 방법에 의해서만 발굴될 수 있기 때문이다. 그런데 이러한 방법은 이전의 관념과 이후의 관념 사이의 인과적, 연속적 관계를 설명하는 것이 아니라 동일한 토대 위에 놓여 있는 동시적인 관념들 사이의 불연속적, 공시적 관계에 대한 분석에 관심 갖는다. 다시 말해 관념들은 자기 시대 속에서 공시적으로 인터페이스하면서 그 시대의 지적 하부구조를 이룬다는 것이다.

그가 생각하기에 어떤 시대의 지를 구성하는 요소는 개인에게 있는 것이 아니라 오히려 개인의 이름을 숨김으로써, 그리고 개인의 이름과는 무관하게 생산되는 하나의 질서나 체계에 있다. 사실상 모든 시대는 언설, 즉 다양한 영역에서 '말해지는 것'의 총체를 생산한다. 이에 따라 그가 계획한 역사 연구도 어떤 시대의 에피스테메(認識素)를 구성하는 언설의 총체를 대상으로 하는 것일 수밖에 없다. 그러므로 새로운 에피스테메는 그 이전의 사상/사상가들을 논하지 않으며, 하나의 에피스테메 내에 있는 사상/사상가들에 대해서도 그 이전 에피스테메와의 인식론적 단절 속에서 이해되어야 한다.

이처럼 푸코는 역사학의 주요 개념들, 즉 연속성, 전통, 영향, 인과성 등에 관심 갖지 않고, 오히려 파괴나 해체, 불연속성이나 단절 등에 관심을 갖는다. 그의 주장에 따르면 연속성에 대한 정통 역사학자의 관심은 단지 충만된 지역공간에 대한 강박관념인, 이른바 '시간적 광장공포증'에 불과하다. 따라서 그는 관념의 역사나 사상사에서도 불연속성의 강조가 통시적 진화를 파악하려는 기존의 역사해석 방법과는 달리 역사를 '공시적 전체성' 속에서 파악하려는 새로운 역사해석 방법의 단서가 된다고 믿었다.[35]

(b) 자생적 방법과 의존적 방법

방법중심으로 사상의 역사를 돌이켜 보면 사상사에는 수많은 자생적 사유방법과 의존적 사유방법이 있었다. 또한 그에 따라 동서양의 사상사에도 다양한 자생적 표현형과 의존적 표현형들이 망라되어 있다. 인간의 의존욕망과 독립의지가 사유활동에 부단히 개입하면서 방법상 이러한 상반된 경향성들을 결정해왔기 때문이다.

자생적 방법은 한마디로 말해 독창적 방법이다. '자생적(autogène)'이란 자가발생적이라는 의미이다. 또한 그것은 사유의 독자적 생산을 의미하기도 한다. 그러므로 그것은 사유방법의 새로운 발명이다. 더구나 그 발명은 개인의 창의성이 낳은 것이므로 창발적이다. 그러나 엄밀히 말해 '사유의 표현형(phénotype)'[36]에 순전한 발명과 창발이란 있을 수 없다. 사상의 독창성은 어디까지나 조건이고 제한적이기 때문이다. 따라서 상대적이기도 하다. 그것은 관점이나 사유방법에서의 유전, 습합, 삼투 등과 같은 관계방식의 정도 차이에 의해 결정되기 일쑤이다. 예컨대 통시적/공시적 방법들은 표면적으로 서로 반습합의 관계를 명시하지만 따지고 보면 그 관계도 작용에 대한 반작용이므로 그 계기(조건)만큼 독자적 창발성을 보유하지 못한다.

또한 플라톤과 아리스토텔레스의 철학, 공맹이나 노장사상, 주희나 왕양명의 사상, 그리고 헤겔과 마르크스의 철학, 그 밖의 어떤 것도 사상의 독창성을 온전하게 담보하지 못하는 까닭은 '사상사의 진화' 과정과 무관하게 생겨난 것은 아무 것도 없기 때문이다. 어떤 의미 ― 생물학적 의미가 아닌 철학적, 사상적 진화의 의미 ― 에서 '사유방법은 유전하며 진화한다.' 어떠한 사상도 무無에서 생겨날 수 없으며, 따라서 모든 사유의 표현형에는 이미 지적 유전자형(génotype)이 내재되어 있기 때문이다. 사상사가 지적 유전자의 여행지도 그리기일 수 있는 이유도 마찬가지다.

물론 유전학자 리처드 도킨스R. Dawkins는 어떤 지식이나 지혜도 유전적 수단으로는 자식에게 유전되지 않는다고 단언

한다. 각각의 세대는 지식에 관한 한 무에서 시작해야 한다는 것이다. 그에게는 아마도 지식을 낳는 사유방법 역시 마찬가지일 것이다. 단지 영원한 자기복제자에 불과한 생물학적 유전자는 전혀 의식적이거나 의도적이지도 않기 때문이다. 그에 의하면 "유전자는 수명의 길이, 다산성, 복제의 정확도에 의한 경쟁 분자 간의 자동적 선택만을 불가항력적으로 계속할 뿐이다. 그 때문에 유전자에는 선견지명이 없다. 그것들은 미리 계획을 세우지 않는다. 유전자는 그저 있을 뿐이다."[37)]

그럼에도 불구하고 도킨스는 의식과 습관, 예술과 건축, 기술과 공학 등의 문화적 진화와 유전적 진화의 유사성을 지적한다. 어떤 형태의 진화를 일으키게 할 수 있다는 점에서 문화적 전달과정도 유전적 전달과정과 유사하다는 것이다. 더구나 "언어는 비유전적 수단에 의해 '진화'하는 것으로 생각되며, 게다가 속도는 유전적 진화보다 비교할 수 없을 만큼 더 빠르다."[38)]고 하여 그는 사유의 주요 전달 수단인 언어의 신속한 진화현상을 인정하고 있다. 또한 "유전자는 진화상 적어도 장래의 자기 생존에 책임이 있다."는 점에서도 사유방법의 진화와 다르지 않다.

그러나 진화의 여로에 새로운 유전자란 없다. 유전자의 특징이 자기복제에 있기 때문이다. 도킨스에 의하면 본래 이기적인 "유전자는 교차에 의해 파괴되지 않고 단지 파트너를 바꾸며 행진을 계속할 따름이다."[39)] 실제로 한 개체의 자손도 성적 파트너에 의해 오염되므로 독립된 개체일 수 없다. 근친도(relatedness)가 요구되는 것도 그 때문이다. 이러한 현상은 이른바 '사유방법의 진화론' 또는 '사상의 유전학'에서도 마찬가지다.

동서양의 사상사에 전적으로 새로운 것이 없는 까닭도 거기에 있다. 아무리 자생적 사유방법일지라도 개체군은 내부로부터 진화의 변화를 겪게 마련이다. 생물학적 개체가 끊임없이 배합되고 파트너에 의해 오염되며 정체성을 바꿀 뿐 소멸되지 않듯이 사유방법의 진화나 사상의 유전도 마찬가지다. 사상의 진화나 유전 역시 파트너의 교체에 따라 오염 ― 습합이나 습염 또는 삼투 ― 되며 정체성을 바꿔갈 뿐이다. 예를 들어 (넓은 의미에서) 중국사상사나 한국사상사를 논어수용사論語受容史나 유학유전사儒學遺傳史로 간주할 수 있는 이유도 그 때문이다.

그러면 사상사에서 과연 자생적 방법의 발견은 가능한 것일까? 아마도 그것은 불가능한 일일 것이다. (이미 언급했듯이) 그 방법은 사유의 운반자로서의 생존기계들이 지니고 있는 영원한 자연 선택적 이상에 불과할지도 모른다. 방법상 동일과 동질이 아닌 차이와 차별에 대한 의지가 방법적 독창과 창발을 출현시킬지라도 사유방법의 진화에서 보면 그것을 진정한 자생적 방법으로 간주하기 어렵기 때문이다. 의태擬態의 유전자가 자연 선택에 유리하듯[40] 방법적 진화에서도 의존적 방법이 자연 선택적 생존에 더 유리한 이유도 마찬가지다. 그 때문에 선견지명이나 아무런 미래계획도 없는 생물학적 진화와는 달리 사유방법의 진화에는 암암리에 의존욕망이 새로움에 대한 의지보다 더욱 강력하게 그 계획을 추진하고 있다.

의존적(reliant)이란 종속적이라는 의미와 통한다. 그것은 권력의 선재성을 전제해야 하기 때문이다. 인간이 지닌 편승욕망이나 의존욕망이 사유방법의 역사에서도 사상적 근친상간이나 동성애 같은 자율적 짝짓기 현상을 낳는가 하면 사상사 속의 오이디푸스적 갈등이나 유아성욕적 집념도 드러낸다. 사상사에도 사유방법의 리비도libido가 흔하게 작용하기 때문이다. 예를 들어 이데올로기라는 리비도가 제국에 대한 야망과 결합하여 레닌주의를 탄생시켰다. 제국주의 일본을 주도한 호교론자들의 '천황제 절대주의(Kaiserlicher Absolutismus)'도 그와 같다.

동서의 사상사에는 사상적 근친상간과 그에 따른 혈우병 증세도 허다하다. 예컨대 성리학과 주자학의 관계가 그러하다. 특히 중국유학에 대한 반리성反理性의 부재가 한국유학을 그에 따른 혈우병 증세에서 벗어나지 못하게 하고 있다. 물론 여기에서 인과因果의 선후를 가리는 것은 무의미하다. 또한 일본사상사는 유아성욕적 집념과 오이디푸스적 갈등 속에서 습합중독증에 걸린 좋은 본보기일 수 있다. 일본인들은 중국과 한국의 사상과 문화를 그러한 집념과 갈등 속에서 필요에 따라 늘 습합해왔기 때문이다. 다카하시 마사야스(高橋正和)의 말대로 '선천적으로 독창성의 유전자를 결여한 모방 민족'이 가진 국민적 습벽習癖이 사유의 방법을 지배해왔기 때문이기도 하다.

그러나 동서를 막론하고 사상적 근친상간이나 동성애라는 의존적 방법은 지배적 유전자를 지닌 문화적 우세종(cultural dominant)에 대한 종속성을 그것의 우산효과(an umbrella effect)로 대신하는 데 만족해야 한다. 더구나 동일과 동질은 언제나 유사類似나 의태만 낳을 뿐, 의존유혹의 대가로서 새로움의 의지를 희생시킨다. 유사나 의태가 그 유혹의 포획물인 것도 그 때문이다. 동서양의 사상사에서 창발적, 자생적 방법의 발견이 쉽지 않은 까닭도 마찬가지다.

동아시아 사상사에서 유달리 동의와 지지, 유사와 의태가 아닌 비판과 반대, 반리와 반역의 부족이나 결여를 쉽게 발견할 수 있는 이유는 무엇일까? 그것은 무엇보다도 지리적, 언어적(문화적) 근친성 때문일 것이다. 특히 도킨스의 말대로 언어에 의한 문화의 진화 속도가 유전적 진화 속도보다 비교할 수 없이 빠르기 때문일 수 있다. 그것만이 아니다. 한중일 삼국 간에는 오랫동안 역사를 괴롭혀온 '집단적 리비도'가 사유의 방법 역시 자생적이기보다 의존적으로 타성화, 체질화시켜온 탓일 수도 있다.

| 제3장 |

방법 — 다시 철학하기

　세계관은 세상을 바라보는 관점이 결정한다. 미래도 미래에서 가져온 관점으로만 보인다. 새로운 사유의 표현형은 새로운 사유방법이 결정한다. 그러나 미래의 사유방법도 미래의 세상을 볼 수 있는 관점을 가질 때에만 강구될 수 있다. 미래에서 온 신인류가 새로운 관점을 가져야 할 이유도 거기에 있다. 미래의 신인류는 어떤 유형(type)의 인간일까? 그리고 그들은 어떤 관점으로 미래를 조망하는 것일까? 미궁 같은 미래의 철학으로 들어가는 아리아드네Ariadne의 실마리가 바로 그 의문들 속에 있다.

　리처드 도킨스에 의하면 "나는 **확장된 표현형**(the augmented phenotype)이 우주의 어떤 장소에 있는 생물에게도 적용되는 하나의 생명관이라고 주장한다. …… 우주에서 자신의 사본을 만들 수 있는 자는 어떤 것이든지 자기 복제자다. …… 시간이 지남에 따라 세계는 가장 강하고 재주 있는 자기 복제자로 채

워지게 된다."⁴¹⁾

프랜시스 케언크로스Frances Cairncross는 디지털 인텔리전스에 의한 디지털 혁명이 인터넷으로 통하는 디지털 지구를 '거리(distance)가 사라진 세계, 경계가 사라진 세계'로 바꿔놓았다고 주장한다. 디지털 지구는 지금 인터페이스 테크놀로지가 만드는 새로운 형태의 우산형 네트워크, 즉 '**확장현실**(erweiterete Realität)'로 빠르게 바뀌고 있다는 것이다.⁴²⁾

피에르 레비Pierre Revy도 또 다른 생활공간, 즉 가상공간을 '회전공간'이라고 부른다. 동시편재적 에이전트들이 인터페이스하는 "가상공간은 유목적 도시계획이고, 소프트웨어의 축성학이며 지식공간의 유동적인 토목 공학이다. 그 속에는 지각하고 느끼고 기억하고 일하고 놀고 함께하는 양식들이 있다. 가상공간은 일종의 실내건축이고 기호들로 된 지붕을 가진 **회전도시**(une tournoyante cité)"⁴³⁾라는 것이다.

볼터J.D. Bolter와 그로맬라Diane Gromala에 의하면 "인터넷과 웹의 사이버 공간도 나머지 다른 세계와 분리될 수 없다. 오늘날 인터넷은 우리의 사회적, 경제적 네트워크와 물리적 환경에 매우 긴밀히 통합되어 있으며, 바로 그 때문에 더 없이 중요한 것이다. …… 우리는 웹에서 피자를 주문하기도 하고 카메라를 구입하기도 하며, 컴퓨터 주변장치를 사기도 한다. 또한 우리는 웹을 통해 택배회사의 트럭을 집 앞으로 부르기도 한다. 사이버 공간은 '**사회적 세계의 확장**'이다."⁴⁴⁾

존 페리 밸로우J.P. Barlow는 '사이버스페이스 독립선언문'에서 "그 공간은 우리의 의사소통 네트워크에서 흐르는 끊임없는 파도와 같다. 우리 것이야말로 어느 곳에도 없는 세계이자 어느 곳에나 있는 세계다. 그러나 그 세계에는 그 어떤 신체도 거주하지 않는다."[45]고 외친다.

슈타인밀러는 머지않아 도래할 미래를 가리켜 상상할 수 없는 기술의 융합에 의한 '**플러스 울트라의 세기**(Ein Jahrhundert des plus ultra)'[46]라고 부른다. 다시 말해 그는 진정한 미래란 기적처럼 보이는 기술 혁신에 의해 '기술이 가는 길의 연장선 너머에서, 바로 플러스 울트라에서 시작된다.'고 믿고 있다.

이처럼 **확장된 표현형**으로서 주체, 즉 신인류의 주거지는 더 이상 단선형 아날로그 네트워크가 아니다. 우리는 이미 〈현실에서 가상까지〉 **확장된 현실의 회전도시**에 살고 있다. 사회적 세계의 확장에 길들여진 우리의 삶은 신체로부터도 독립을 선언한 것이다. 인체의 한계를 극복하려는 힘, 즉 인력의 외재화 의지가 증기기관을 발명하듯 자연적 한계를 초월하는 새로운 힘으로서의 디지털 테크놀로지가 우리를 실제현실과 가상현실이 결합된 융합현실, 즉 플러스 울트라의 세계, 그 너머의 더 넓은 세상으로 내몰고 있다.

그 때문에 지금 이 순간에도 수많은 세계-내-존재로서의 현존재(Dasein)는 무한 표류하고 있다. 그에게 표류는 아날로그적 시공의 해체와 거리의 소멸로 인한 삶의 조건이 되어버린

것이다. '지금, 그리고 여기에(hic et nunc)'라는 존재의 시공간적 의식을 규정해온 'Da'의 의미가 살(신체)의 한계 너머로 무한히 확장되고 있기 때문이다. 사이버스페이스 독립선언문은 무구조, 무경계의 동시편재적 아고라인 확장현실에 대한 서사로서 Da의 의미와 존재론적 인터페이스를 요구하고 있기 때문이기도 하다.

플러스 울트라의 세기에 세계-내-존재는 더 이상 세계 내 어디에도 없다. 그러면서도 탈신체화된 존재의 세계는 어디에나 있다. 이처럼 '플러스 울트라 욕망'의 존재인 신인류는 다층적 무구조화를 지향하는 프랙탈 네트워크fractal network에서 욕망을 전방위로 이동시키는 리좀rhizome, 즉 가상세계와 현실세계의 융합으로 인한 '융합세계-간-존재'로 의미변화하고 있는 것이다.

1
언어의 오염과 진화 ─통섭統攝과 **통섭**通攝

그러면 우리는 확장된 현실, 즉 융합공간에서 어떻게 살아가야 하는 것일까? 그리고 신인류는 신세계를 어떻게 이해해야 할 것인가? 신세계와의 조우에 당혹해 하는 이들은 이른바

'동시화된 당신의 세계(Your World Synchronized)'**47)**를 조망하려면 **통섭**通攝이라는 망원경을 준비하라고 주문한다. 그 세계에 잘 적응하여 살아가기 위해 당신은 스퀴드Squid(초전도 양자 간섭 소자) 초감도 센서가 부착된 안경도 필요하지만 그보다 우선 일별 조감 및 인식 능력을 배양하라는 것이다. 그들은 **통섭**通攝이야말로 확장된 현실의 인터페이스 능력의 제고를 위한 가장 탁월한 대안이라고 믿기 때문이다.

그러나 통섭은 이동욕망의 작용이거나 욕망이동의 현상이라기보다 일종의 거창한 통합욕망이다. 그것은 거대이야기(grand narrative)의 부활과 다름없다. 더구나 우리가 그 거대이야기의 부활을 경계하려는 것은 그 순진한 보편주의의 표면 아래에 환원주의적 전체주의 욕망이 늘 역사에 개입할 순간만을 노리며 잠복해 있다는 사실 때문이다. 예를 들어 생물학 결정론자들이 미래의 테크노크라트technocrat가 되어야 한다는 사회생물학자 에드워드 윌슨의 통섭 이데올로기에 어리석게도 세상이 현혹되고 있는 현실이 그것이다.

1 | **통섭**統攝은 이데올로기인가 강박증인가?

통섭은 나무만 보고 숲을 보지 못하는 근시안이나 미시적 사고습관에서 벗어나게 하는 원근법적 반성의 계기를 제공한다는 점에서 매우 쓸모 있는 사유방법 가운데 하나임에 틀림없다. 그러나 모든 사실을 통일하려는 환원주의적 통섭만을 최선의 방법으로 간주할 경우 그것 역시 마음의 거울을 덮고 있는 욕망의 커튼을 벗길 수 없다.

① **통섭은 이데올로기, 즉 일종의 허위의식이다.** 그것은 겉으로 통합적 사고를 강조하면서도 속으로는 지배욕망을 숨기고 있기 때문이다. 윌슨의 주장을 새겨보자. 그에 의하면 "우리는 다양한 수준의 시공간과 복잡성을 넘나들어 결국 통섭이라는 방법으로 여러 분과들의 흩어진 사실들을 통일한다."[48] 그러나 이러한 그의 통섭신앙은 "만일 생물학의 역사가 하나의 지침이라면 이 모든 사실들은 통섭적인 것으로 판명될 것"이라는 주장만으로도 사회생물학의 신학적 이데올로기화의 의도를 읽어내기 어렵지 않다. 그것은 '하나님의 뜻이 땅끝까지 임하게 하소서.'라는 기독교의 환원주의적 패권주의나 다를 바 없기 때문이다. 통섭이 중앙집권적 권력의 일종인 까닭도 거기에 있다.

② **통섭은 상리공생相利共生을 위장한다.** 그것은 균류와 녹조류의 밀접한 상리공생적 결합에서 보듯 공리주의를 지향하는 생물학적 공생방법처럼 보인다. 통섭의 이상인 상리공생주의(commensalism)는 본래 많은 친구들(심지어 적들까지도)이 한 식탁에서 식사를 같이 할 수 있는 공생관계를 지향한다. 하지만 상리공생이 통섭의 전략으로서 일반화될 경우 그것은 위장임이

드러난다. 그것의 실체는 공리주의적이라기보다 프래그마티즘적이기 때문이다. '진리이기 때문에 유용한 것이 아니라 유용하기 때문에 진리'라는 실용주의 진리관의 이면에는 언제나 〈미국에게 유용한 것이……〉라는 미국 이기주의의 전제가 은폐되어 있듯이 '상리하면 공생한다'의 슬로건에도 〈사회생물학의 전략에 이로울 때〉, 즉 그것으로 통섭될 때 모든 사실들도 더불어 있을 수 있다는 의미와 다르지 않기 때문이다. 오늘날 통섭이 방법상 구호로 그칠 수밖에 없는 이유도 마찬가지다.

③ 통섭은 미끼이고 덫이다. 〈흩어진 분과들을 '**통일한다**'〉든지 〈'**모든 사실들을**' 통섭한다〉는 윌슨의 통섭 유혹은 거대서사를 갈구하는 신도들에게는 선구적 메시지이거나 복음처럼 들릴 수 있다. 그러나 다양한 '분과들의 통일'은 구호이고 이상일 뿐 허공에 매달아 올린 애드벌룬에 지나지 않는다. 이미 반세기 전에 물리학자, 수학자, 논리학자들에 의해 시도된 '통일 과학(unified science)'의 실험도 그렇게 끝나지 않았던가. 실제로 윌슨은 왜 통일해야 하는지, 구체적으로 어떻게 할 수 있는지, 그리고 흩어진 분과들이란 어떤 것인지, 더구나 통섭해야 한다는 〈모든 사실들〉이란 무엇을 가리키는지, 그는 솔직하게 말하지 않는다. 그의 반과학적 통섭 교의에는 그 복음에 갈급한 이들을 의식한 미혹의 수사修辭들만 가득하다.

오직 〈모든〉이라는 일반화, 즉 전칭全稱의 꿈속에서만 살아온 과학자들에게 전칭 욕망은 그들을 통섭 유혹 앞에서 의연하지 못하게 한다. 그러나 아이러니컬하게도 개별적 사실들을 전칭화하려는 유적類的 통섭의 미끼와 덫에서 풀려난 진정한 과학자(생물학자)는 있을 수 없다. 그 때문에 무모한 과학자들은 이제 개연성에 대한 속임수를 과학 밖에까지 감추고 나오려 한다. 영토 확장을 시도하고 있는 것이다. 하지만 통섭으로 무장한 채 밖으로 나온 과학/과학자는 더 이상 과학/과학자가 아니다. 그것은 새로운 거대권력의 등장일 뿐이다. 권력에 눈뜨면 과학도 그것과 야합하며 그 맛에 쉽게 굴복하기 때문이다. 통섭이 과학의 오염을 대변하는 이유도 거기에 있다.

④ **통섭은 정체성을 위협한다.** 통섭의 위험은 언어의 오염에 있기 때문이다. 윌슨이나 생물학적 환원주의자들의 기대와는 달리 통섭은 다양한 파트너를 교체하면서 언어의 오염을 통한 정체성의 혼동이나 상실로 이어간다. 흩어진 분과들의 통일은 무엇보다도 언어의 칵테일 현상을 피할 수 없다. 칵테일 통(cocktail shaker)이 바뀔 때마다, 그리고 그것을 흔들어대는 바텐더가 교체될 때마다 각 재료마다의 고유한 맛과 향은 사라지고 모두가 뒤섞인 채 다른 맛과 향으로 둔갑한다. 그러나 각 분과들은 칵테일(통섭)을 위한 재료들이 아니다. 칵테일 통은 오히려 그것들의 무덤이나 다름없다.

⑤ 통섭은 통합 강박증이다. 그것은 분화에 대한 불안증에서, 나아가 해체에 대한 적개심에서 비롯된 역사적 히스테리다. 본래 학문의 분화현상은 자연스런 진화과정이나 다름없다. 그러나 인위적이고 비자발적인 통섭은 진화가 아니다. 오히려 통섭은 다수다양체의 통일만을 추구한다. 그 때문에 통섭은 학문의 진화적 분화현상과 그 다양성마저도 그대로 놓아두려 하지 않는다. 하지만 생물의 다양성만큼 인류에게 소중한 자산이 없듯이 학문의 다양성도 마찬가지다. 자연적/문화적 돌연변이가 중요한 것도 그 때문이다. 비유전적 방법인 돌연변이가 없다면 그만큼 새로움의 출현도 기대하기 어렵다.

통섭은 분화와 해체에 대한 불안심리에서 비롯된다. 거시욕망에게 보면 미시구조나 현상은 극복해야 할 대상이다. 그것은 불안정한 구조로, 그리고 불안한 현상으로 보이기 때문이다. 예를 들어 윌슨이 해체주의와 포스트모더니즘에 대해 보인 적개심과 히스테리가 그것이다. 그에 의하면 "포스모더니즘의 보편금지령을 무시하고 모든 이들이 받아들이는 공동선을 받아들이는 사람이 있다면 그는 지금 중대한 범죄를 저지르는 셈이다."[49]

또한 윌슨에 의하면 "데리다의 몽매주의적 진술들을 볼 때 …… 그의 새로운 과학인 그라마톨로지grammatologie는 실은 과학과 정반대의 것으로써 진부함과 환상을 동시에 가진 꿈들의 단편이다. 그것은 문명세계의 다른 곳에서 발전한 마음과

언어의 과학에 대해 마치 췌장의 위치도 모르는 심령치료사처럼 무지하다. …… 과학자들은 포스트모더니즘에서 유익한 점을 발견하지 못했다. 과학에 대한 포스트모더니즘의 태도는 일종의 파괴였다."[50] 심지어 그는 해체주의자와 포스트모더니스트들을 가리켜 '해적', '무정부주의자', '반역자', '파산자', '파괴자', '범죄자'라고 하여 그들에 대한 적개심을 노골화한다. 그는 자신의 심경이 강박증과 한 켤레임을 확인시켜주고 있는 것이다.

⑥ **통섭은 새롭지 않다.** 동서양의 사상사 속에서도 방법으로서의 통섭은 격세유전隔世遺傳하기 때문이다. 예를 들어 6세기 중반 한반도에서 일본으로 건너간 불교가 한 세기를 건너뛰면서 나라(奈良) 시대에 이르면 6개 종파의 교의를 모두 아우르는 겸학수행兼學修行 운동으로 거듭나더니 9세기 천태종의 승려 안넨(安然)의 사일교판론四一教判論에 의해 격세유전되는 경우가 그러하다. 삼세십방 일체의 현상세계를 진여眞如로 환원하려는 안넨의 통섭욕망은 이른바 '대일설법大日說法'으로 거듭난다. 한마디로 말해 그에게는 "모든 것이 대일大日로 통섭된다."[51]는 것이다.

또한 통섭은 역사를 패러디함으로써 반복하기도 한다. 예컨대 윌슨이 주장하는 사회생물학으로의 환원주의적 통섭은 이미 콩트A. Comte가 시도한 사회물리학으로의 통섭을 고의든 아니든 패러디한 것이나 다름없다. 초기의 자신을 아리스토텔레스에 비유했고 후기의 자신을 사도 바울에 비유한 콩트의 주된 관심사는 자신의 사상을 과학과 종교의 측면에서 통합하는 것이었다. 특히 그것은 과학적 통섭의 궁극적 목표인 '사회물리학(la physique sociale)'을 확립하는 것이다. "우리는 이제 천체물리학과 더불어 지구물리학을, 식물물리학과 더불어 동물물리학을 겸비하게 되었다. 그러나 자연에 대한 우리의 지식체계를 완결하기 위해서는 최후의 과학으로서 사회물리학이 필요하다."[52]는 그의 주장이 그러하다.

하지만 이번에는 그 자리를 윌슨의 사회생물학이 차지한다. 콩트의 이러한 통섭욕망은 윌슨을 통해 한 세기 반 만에 부활되어 사유의 역사에 다시 등장한 것이다. "통섭 세계관의 요점은 인간이라는 종의 고유한 특성인 문화가 자연과학과 인과적 설명으로 연결될 때에만 온전한 의미를 갖는다는 점이다. 여러 과학 분과들 중에서 특히 생물학은 이런 연결의 최전선에 있다."[53]고 주장하는 그의 의도는 콩트와 다르지 않다. 과연 이러한 패러디 현상은 우연의 일치일까? 실제로 두 파트너의 임무 교대에서도 보듯이 사상사에서 학문이 진화하는 방법으로써 분화에 대한 인내의 피로증세는 낯설지 않다. 그것은 늘 통섭으로 반복해왔기 때문이다.

2 | 통섭通攝은 융합이다.

통섭統攝이 인식론적이라면 **통섭**通攝은 존재론적이다. 전자가 통합적 인식방법이라면 후자는 융합적 존재방식이다. 다시 말해 전자가 아날로그적 인식방법인 데 비해 후자는 디지털적 존재방식이다.

① **통섭**通攝**은 탈영토화다.** 통섭統攝이 욕망을 영토화한다면 **통섭**通攝은 탈영토화한다. 전자가 집중화, 단일화한다면 후자는 횡단화, 다중화하기 때문이다. 이 점에서도 아날로그적 통합과 디지털적 융합은 근본적으로 다르다. 융합(convergence)은 전혀 새로운 세계관이다. 그것은 아날로그의 단층적, 단선적 통섭統攝공간이 아닌 디지털의 중층적, 복합적 **통섭**通攝공간에 대한 새로운 관점이기 때문이다. 전방위로 막힘없이 **통섭**하는 디지털 공간은 절대적 무구조의 구조다. 디지털은 인류의 폐소공포증(claustrophobia)이 만든 최대의 아고라다. 디지털이 가장 열개화裂開化된 무한 네트워크인 것도 그 때문이다.

디지털은 탈영토, 초구조의 프랙토피아fractopia만을 지향한다. 수평적 리좀인 디지털은 영토화된 구조보다 탈영토화하는 열린 공간을 욕망한다. 오늘날의 신인류는 누구나 아날로그적 현실에서 플러스 울트라 공간(그 너머의 세상), 즉 디지털 기술이 확장시킨 융합현실로의 이동을 욕망하기 때문이다. 융합현실에는 어떤 중심도 없다. 그것의 중심은 오히려 모든 곳에 있다.

그 때문에 거기에는 집중화된 어떤 권력도 부재한다. 거기서는 어떠한 중앙 통제도 이루어질 수 없다. 권력의 개념은 그 임계각에서 만들어지기 때문이다. 권력은 단지 그 너머에서 부여될 뿐이다. 그곳은 중심의 소멸과 더불어 일체의 거리마저도 소멸된 이른바 '탈중심적 하이퍼 제국(자크 아탈리Jacques Attali)'인 것이다.

융합현실은 동시화된(synchronized) 그물망이다. 그곳에서 디지털은 모든 노마드를 동시에 연결한다. 디지털은 부단히 움직이지 않고는 견딜 수 없는, 어디론가 이동하지 않으면 참을 수 없는 인간, 그러면서도 누군가에게 말하지 않고는 못 배기는, 침묵과 독백을 고통스러워하는 인간의 이동욕망과 대화욕망의 산물이다. 디지털은 언제 어디서나 누구와도 말하고 싶어 하는 인간의 욕망이 고안해낸 동시다발적 소통수단이다. 디지털이 '통신공동체'를 요구하는 까닭이 거기에 있다. 그것이 의사소통을 위한 각종 플랫폼을 필요로 하는 이유도 마찬가지다. 동시편재적 그물망의 모든 결절점마다 이동하는 플랫폼이 초구조적 공동체를 형성하기 때문이다. 이처럼 지구인은 이미 가상 초원인 디지털 네트워크에서 정주적 플랫폼에 의한 영토의식을 탈영토 의식으로 대신한다.[54]

② 신인류는 **통섭인**通攝人이다. 정주민의 유목은 아날로그적이지만 신인류의 유목은 디지털적이다. 그런 점에서 통합하려

는 단층 유목은 유목이 아니다. 유목은 융합적 **통섭**이어야 한다. 신인류, 즉 신유목민이 **통섭인**인 이유도 거기에 있다. 융합현실의 삶은 실제와 가상을 **통섭**通攝하는 신유목민의 존재방식, 그대로이다. **통섭인**은 통섭統攝하지 않는다. **통섭인**의 유전자는 디지털이기 때문이다. 그들의 생활공간은 폐쇄적 통합이 가능한 단층적 통섭統攝 공간이 아니다. 그것은 실제와 가상을 횡단하고 관통하는 다층적 **통섭**通攝공간이다.

그들은 다층적 공간을 단순히 관람하거나 의식한다기보다 그 현실을 디지털로 유목하고 **통섭**通攝**하며 적극적으로 융합**한다. 통섭統攝공간과 달리 융합현실에서는 중심과 주변의 구별이 없다. 거기서는 주객의 구분도 무의미하다. 신인류는 융합현실의 관객이 아니라 그것을 발명하거나 연출하기도 하는 스탭들이다. 그들은 다양한 디지털 플랫폼에서 하이퍼 유목적 삶을, 즉 유비쿼터스 유목생활을 향유하며 통섭하고 있기 때문이다. 예를 들어 **통섭인**이 디지털 에이전트로서 아바타의 진화와 디지털 아우라 현상에 익숙해져 있는 이유도 마찬가지다.

③ 존재는 〈세계-간-나의 현존〉이다. 통섭統攝하는 인간의 존재방식이 현존재, 즉 '세계-내-존재(l'être-au-monde)'라면 **통섭**通攝**하는 인간의 존재방식은 이른바** '세계-간-나의 현존(la présence de l'être-soi-entre-monde)'이다. 신인류는 기본적으로 '내(au)-존재'가 아니라 '간(entre)-존재'이기 때문이다. 그들은 단

층의 특정한 세계 속에 있는 존재가 아니라 중층의 세계 사이를 무단횡단하고 **통섭**함으로써 그 현실들을 융합하는 존재다. 실제와 가상은 그 '세계-간間-현존들'로써 융합하여 체현된다. 그들은 누구나 실제현실과 가상현실 사이에서 융합현실을 **통섭**하는 탈신체화된 나의 현존을 발견하는 것이다.

또한 이것은 **통섭인**에 대한 인식의 전제이기도 하다. 존재는 인식에 선행하므로 융합현실을 횡단하는 **통섭인**, 즉 '세계-간-나의 현존'에게는 수평적 리좀의 사유방법과 인식방법도 그의 존재방식과 다르지 않다. 다시 말해 융합현실을 향유하는 현존에 대한 의미규정으로서의 **통섭**은 전혀 달라진 디지털 존재구조와 존재방식에 대한 새로운 사유방법이고 인식방법인 것이다.

통섭通攝은 이처럼 새로운 현실에서 '세계-간-현존들'의 삶의 방식이고 사유방법이다. 하지만 그것 역시 그들의 욕망이 추구하는 이동방식이기는 마찬가지다. 영토화를 위해 이동하던 욕망이 여기서는 탈영토화하기 위해 이동한다. 욕망은 **통섭**하며 신세계, 즉 프랙토피아를 이동하는 것이다. '세계-간-존재(l'être-entre-monde)로서 동시편재적으로 현존하는 신인류가 신세계에서는 디지털로 **통섭**하지 않을 수 없다. 융합이 통합일 수 없는 이유, 다시 말해 그것이 **통섭**인 이유도 거기에 있다. 그러므로 융합하는 삶 자체가 욕망의 **통섭**이다.

현실을 그 너머(플러스 울트라)까지 확장하려는 욕망의 도주와 횡단이 그 도주선과 횡단선을 무한대로 확대시키고 있다. 결국 현실과 가상의 융합은 또 다른 욕망이동의 유형이 된 것이다. 인간의 끊임없는 이동욕망에 의해 증대된(augmented) 융합현실에서는 기본적으로 이동이 곧 **통섭**이기 때문이다.

2
새로운 표현형 — 융합과 인터페이스

윌슨은 통섭統攝을 1519년 트리니다 호를 비롯해 5척의 함대를 이끌고 스페인의 세빌리아를 출항하여 1521년 필리핀 제도를 발견하기까지 3년간 최초로 세계를 일주한 페르디난드 마젤란F. Magellan의 항해에 비유한다. 이처럼 그가 생각하는 통섭은 학문의 세계일주다. 그 자신의 꿈도 학문의 세계에서 마젤란이 되는 것이다. 그 때문에 그는 "통섭의 세계관이 옳다면 그 간격을 횡단하는 것은 실재 전체를 일주하는 마젤란 항해가 될 것"[55]이라고 주장한다.

1 | 횡단성의 변화 : 일방에서 전방으로

그러나 통섭統攝의 횡단성은 **통섭通攝**의 그것과 다르다. 전자가 일방一方 횡단이라면 후자는 전방全方 횡단이다. 통섭統攝

이 자연공간을 일방적으로 횡단하는 데 비해 **통섭**通攝은 인공공간을 전방위로 횡단하는 것이다. 윌슨의 말대로 통섭統攝의 계획은 '실재 전체를 일주一周하는 것'이다. 이에 비해 **통섭**通攝의 계획은 가상세계를 동시편재적으로 섭렵하는 것이다. 그러므로 전자의 계획에는 반드시 신체가 동원되지만 후자의 경우에는 그렇지 않다. **통섭**通攝은 탈신체적이기 때문이다. **통섭**은 디지털로 횡단하며 무한공간을 매듭(플랫폼이나 에이전트들)으로 연결한다. 이미 말했듯이 디지털 세상은 무수히 많은 매듭들이 전방위적으로 연결된 그물망인 것이다.

또한 통섭統攝이 인식방법의 횡단성이라면 **통섭**通攝은 존재방식의 횡단성이다. 전자가 인식의 지평을 통합하기 위한 일방적 퍼스펙티브인 데 비해 후자는 아고라의 무한확장을 위한 전방위적 투어리즘tourism이다. 선자가 새로운 길 겹 갓기, 즉 총체적, 일별적 인식행위라면 후자는 무한한 가상순례(cyber-pilgrimage), 즉 유목적, 동시편재적 존재행위다. 전자가 조감욕망의 산물이라면 후자의 발로는 이동욕망이다. 통섭적統攝的 조감과 **통섭적**通攝的 이동은 이처럼 인간의 욕망이 그 의미의 범주를 갈라놓는다. 그것들은 각각 인식과 존재의 방법으로서 서로 다른 횡단성을 의미하기 때문이다.

또한 그것들은 개별지성과 집단지성이 통섭의 주체라는 점에서도 의미를 달리한다. 통섭統攝이 주체적 개별횡단인데 비해 **통섭**通攝은 다중적 집단횡단이다. 융합현실에서 지식의 집단화는 신인류의 무엇보다 우선하는 존재 조건이다. 그곳에서 사유공동체의 공민권을 포기하는 것은 누구에게나 생각할 수 없는 일이기 때문이다. 피에르 레비가 "우리는 함께 집단지성을 이룬다. 그러므로 우리는 뛰어난 공동체로서 존재한다."56)고 하여 데카르트의 코키토 명제의 주어를 '나'에서 '우리'로 바꾼 이유도 마찬가지다.

이렇듯 통섭通攝의 주체로서 집단지성은 자율적으로 조직된 협동적 두뇌집단을 의미한다. 분할불가능한 연속체, 즉 가상공간에서 분자적 지성은 고립무원에 지나지 않기 때문이다. 그러므로 머지않아 지성사의 시대구분도 '개별에서 집단으로' 사유방법의 전환을 결정적 분기점으로 삼게 될 것이다. 어떠한 분자적 지성도 진화 과정상 미성숙 표현형으로 간주될 수밖에 없는 까닭 역시 거기에 있다.

오늘날 지성의 진화는 개별지성보다 더 많은 집단지성이 참여할수록 가공할 만한 사유능력을 발휘하는 단계에 이르렀다. 주지하다시피 미처 헤아릴 수조차 없는 노마드들이 가상세계의 리좀이 되어 집단적 존재의 관계망을 전방위로 구축한다. 지금도 알 수 없는 노마드들이 데리다의 탈구축(déconstruction)마저 무의미한 무구조의 가상공간을 거침없이 무단횡단하고 있다. 포스트-해체주의 시대, 즉 '구조 없는 구조'의 시대가 도래한 것이다.

가상세계에서는 이른바 무구조주의의 질서화가 카오스모스

적(chaosmotique) 활동을 멈추지 않는다. 피에르 레비가 "집단지성은 개인의 한계를 넘는 연속적 사유를 구축한다. 그것의 사유는 익명적이지만 영원히 살아 있고, 어디에나 흐르며, 변성적이다. 가상세계의 중개를 통해 우리는 정보를 교환할 뿐만 아니라 정말로 함께 사유하고, 나아가 우리의 기억과 기획을 조화시켜 협동적 두뇌를 만들 수 있다."[57]고 주장하는 것도 주도권이 폐지된 의사소통 체계에 대한 마찬가지 상황인식의 반영이다.

공간의 새로운 표현형은 더 이상 언어나 문자에 의한 의사소통의 합리성(하버마스)을 기대하지 않는다. 언어의 발전은 공동체의 발전과 동일 구조를 가진다는 가정에 근거한 근대성의 계획은 문화적 전통의 계승과 사회적 통합, 그리고 사회화를 위한 의사소통적 합리성의 보장을 요구하지만 문자에 기초를 둔 언어의 지상권 소멸과 더불어 그 계획도 역사 속으로 사라져 버리고 있다. 이미 언어중심주의가 지배해온 기호학적 영토를 하이퍼미디어들이 소리 없이 탈영토화시키고 있기 때문이다. 언어와 문자 대신 다양한 영상이나 이미지 같은 초언어(la surlangue)를 비롯한 미지의 도구들로써 소통하는 '무언無言의 기호학'이 새로운 현실을 어떤 언어적 영토권도, 지배권도 없는 탈권력적 기호학의 연속체로 바꿔놓고 있는 것이다.

레비는 이러한 표현형의 변화를 가리켜 '미완의 기호들로 뒤덮인 회전도시'의 출현에 비유한다. "사유의 침묵 속에서 우리는 오늘부터 당장 사이버 공간의 소프트웨어 대로를 달리며 감지할 수 없는 디지털 주택에 거주하는데, 도처에 퍼져 있는 이 디지털 주택들이 이제부터는 개인과 집단의 주관성을 형성한다. 사이버 공간은 유목적 도시계획이고, 소프트웨어의 축성학이며, 지식공간의 유동적인 토목공학이다. …… 사이버 공간은 일종의 실내건축이고, 지성의 집단적 설비를 관리하는 미완의 체계이며, 기호들로 된 지붕을 가진 회전도시'[58]라는 주장이 그것이다. 새로운 기술이 새로운 환경을 만들어내듯 — 늘 상호적이었던 기술과 환경 간의 관계를 돌이켜 보면 — 오늘날 새로운 횡단의 공학이 기호학의 의미규정도 새롭게 요구하고 있는 것이다.

2 | 융합과 인터페이스

융합현실은 이중적이다. 우선 디지털 기술이 가상세계를 융합현실로 만든다. 다양한 기술이 대규모로 융합하는 미래의 환경에서는 새로운 질서화와 구조화가 새로운 행동의 구조를 요구할 것이다. 융합기술로 확장된 가상현실의 특징은 다양한 소통 장치들을 서로 연결하고 인터페이스시키는 데 있다.

그러나 인터페이스interface는 새로운 의사소통 기능이 아니다. 예컨대 모든 글쓰기가 곧 인터페이스의 기능이기 때문이다. 글쓰기는 말하기와 함께 인간만이 지닌 사유의 배설행위이자 타자와의 사유교류 행위이다. 특히 글쓰기를 통해 우리는 무엇보다 먼저 자신과 반성적으로 인터페이스함으로써 이성적인 자기 자신을 창조하거나 발견한다. 반성은 누구에게나 현재의 자아와 이전의 자아 간, 또는 자아와 타아 간의 이성적 인터페이스의 시작이나 다름없기 때문이다. 이때 이전의 자아나 타아는 현재의 자아와 인터페이스하기 위한 반성의 거울인 셈이다.

또한 글을 쓴다는 것은 이미 자기와의 인터페이스일 뿐만 아니라 타자와의 인터페이스이기도 하다. 모든 텍스트는 저자와 독자 사이에 언어나 이미지로 표현된 관념들을 연결하는 해석학적 인터페이스를 위해 쓰여지는 것이다. 텍스트에 대한 해석이 곧 인터페이스이기 때문이다. 텍스트의 존재이유가 이른바 '지평융합'에 있다고 말해도 지나치지 않는 이유 또한 거기에 있다.

나아가 모든 텍스트들은 상호적이다. 그것들은 이미 서로 내적으로 인터페이스하고 있기 때문이다. '텍스트가 아닌 것은 아무것도 없다(il n'y a rien hors du texte).'고 주장하는 텍스트에 대한 데리다의 분석은 언제나 어떤 텍스트의 기원도 진정으로 독창적이거나 최초일 수 없다는 사실을 보여주고 있다. 하나의 텍스트란 반드시 다른 텍스트와 거리를 두고 있을 뿐이지 독립된 자기 원인을 갖지 않는다. 어떤 텍스트도 그것 자체만으로 존재한다고 말할 수 없다. 모든 텍스트는 이미 존재하는 다른 텍스트와의 내적 의미연관 속에서 탄생하는 것이기 때문

이다.[59)]

 한편 이러한 글쓰기와 텍스트가 지닌 반성적 인터페이스 기능은 가상현실에서도 마찬가지로 작용한다. 이메일이나 웹, 심지어 워드프로세서나 다른 어떤 방식으로든지 가상현실에 진입할 경우 반성적 인터페이스에서 벗어날 수 있는 사람은 아무도 없기 때문이다. 오히려 가상현실은 인터페이스를 위한 공간이라고 해도 과언이 아니다. 증강현실로서의 융합현실의 발로가 유목적 횡단융합이라는 융합적 사유방법에 있기 때문이다. 뿐만 아니라 융합현실 자체도 기술적 인터페이스의 산물이므로 그곳에서 일어나는 예측불허의 융합기술이 만들어내는 텍스트들에 대한 재매개적, 그리고 그에 따른 해석학적 인터페이스 기능은 실제현실의 텍스트들에 대한 인터페이스 기능보다 더욱 기발하고 창발적일 수밖에 없다.

 예를 들어 워싱턴 대학의 인간 인터페이스 테크놀로지 연구실과 히로시마 시립대학의 연구자 등이 만든 실험적 작품『마술 책 *Magic Book*』이 그러하다.

> 『마술 책』은 3차원의 움직이는 상호작용적 가상 이미지를 사용해서 '팝업북' 아이디어를 확장한 것이다. 만일 사용자들이 증강현실 장비(Augmented Reality Head Mounted Display: 증강현실을 위해 머리에 착용하는 표시 장비)를 착용한 채 책을 읽는다면 페이지 바깥에 나타나는 가상 이미지들을 보게 될 것이다. 사용자들은 실제 세계 안에서 그 책을 읽을 수 있을 뿐만 아니라 실제 책의 페이지들에 밀착

된 채로 나타나는 가상 이미지들을 경험할 수도 있을 것이다. ……
마지막으로 독자들은 가상의 이미지들을 향해 날아가 몰입된 상태
로 이야기를 경험할 수 있을 것이다. 이처럼 증강된 현실로서의 책
은 사용자들이 완전한 가상현실의 연속된 경험을 얻을 수 있도록 도
와줄 것이다.'[60]

『마술 책』[61]은 근본적으로 책이 무엇인지, 그리고 독서의 본질이 무엇인지를 다시 묻고 있다. 또한 『마술 책』은 인터페이스로서의 인쇄된 책과 독서의 의미가 증강현실에서는 어떻게 확장될 수 있는지를 실험하고 있는 하이퍼 텍스트다. 그 책은 증강현실을 이용하여 언어와 이미지 간의 인터페이스를 실현시킴으로써 양자 간의 새로운 관계가 어떻게 형성될 수 있는지를 보여주는 가상실험 작품이다. 이제 윌리엄 깁슨W. Gibson의 소설 『뉴로맨서 Neuromancer』(1984)는 거기에서 더 이상 소설이 아닌 가상현실로서 실현되고 있다. 『마술 책』은 깁슨의 말대로 '공감각적 환상'과 '육체를 떠난 환각체험'을 실험하고 있는 것이다.

애초부터 유목민이었던 인류가 점유한 첫 번째 공간이 지구였다면 가상의 초원인 디지털 네트워크는 인류가 만들어 점유한 두 번째 공간이다. 첫 번째 공간(지구)에서 인간은 신화를 만들었지만 두 번째 공간에서는 아예 신이 되었다. 가상현실이 수많은 신들의 신전이자 놀이터나 다름없는 것도 그 때문이다. 그 '분산적 지각의 신전'[62]에서 그들은 동시편재하고 있다. 그

들은 거기에서 지금도 완전한 공존을 위해 이른바 '사이버 신학'을 만들어내고 있다. 그들은 두 공간을 넘나들며 마술책보다 더 재미있고 기발한 교리서들을 준비하고 있다. 신, 즉 가상현실이라는 증강된 범신론을 꾸미고 있는 것이다.

그러면 '완전한 공존'을 실현시키기 위해 인격신들, 즉 신인류는 정주적 실제현실과 유목적 가상현실이 융합된 현실을 어떻게 질서화, 또는 구조화시킬까? 그들의 플러스 울트라는 어떤 곳일까? 그리고 그들은 그곳에서 무엇을 할까? 『뉴로맨서』의 마지막 장면에서 주인공 케이스가 윈터뮤트라고 불리는 순수한 정신으로서의 인공지능에게 묻는다. "그러면 넌 뭐야?" "난 매트릭스야, 케이스." 케이스가 피식 웃으며, "그럼 너는 어디에 있는데?" "나는 어디에도 없고, 또 어디에나 있지. 나는 모든 일의 총합이고, 그 모든 것을 보여주지." 케이스가 되묻는다. "그럼 네가 지금 세계를 움직이고 있단 말인가? 네가 신인가?"[63]

실제와 가상을 연결하는 플랫폼이 없다면 윈터뮤트의 말대로 인격신은 어디에도 없다. 컴퓨터, 인터넷, 그리고 웹의 가상현실도 물리적 세계와 분리될 수 없기 때문이다. 반대로 그것이 어디에나 있는 이유도 마찬가지다. 어떤 가상현실도 물리적, 사회적 세계와 공존하며 그 현실을 무한대로 확장하고 있는 것이다. 깁슨이 세상을 아무리 뉴로맨서의 질서로 바꿔보려 하더라도 인간은 기본적으로 "유목민의 광활한 지구에서 확실히 꿈과 현실이 혼동되지 않지만 그것들은 서로 돕고, 서로 해석하고, 서로를 부양한다. …… 인간은 지구 위에 살며, 자신의 언어·도구·복잡미묘한 사회 기구들을 가지고 그 지구의 창조와 재창조를 거듭하며 끊임없이 우주를 혼합한다.[64]

더구나 사이버 서핑에 지친 신들은 윈터뮤트와는 달리 가상현실에서 안식처를 구하지 않는다. 기대지평이건 유목지평이건 지평확대를 위한 이동욕망의 피로감이 증강된 그 지평, 즉 가상현실에서는 서핑으로 인한 피로회복을 기대할 수 없다. 디지털 유목민에게 그곳은 놀이터일 수는 있어도 안락한 휴식처일 수 없기 때문이다. 그들에게는 오히려 실제현실이 원초적 어머니(la Mère archaïque)이자 모태신앙의 원향인 어머니의 자궁 같은 곳이다.

그 때문에 유엔의 미래포럼 회장인 제롬 글렌Jerome Glenn도 2020년쯤 되면 이른바 '사이버 나우Cyber Now'라고 명명한 특수 콘택트렌즈와 특수 의복을 통해 모든 사람이 24시간 사이버 세상과 연결된 시공간 초월의 시대에서 생활하게 될 것이라고 예측하면서도 한편으로는 시공을 초월한 가상의 삶에 지친 사람들을 위해 사이버 나우의 전원을 끄고 가상의 다리를 건너 실제현실로 돌아와서 휴식을 취하는 새로운 레저(unplug and relax)까지 출현할 것이라고도 주장한다.[65] 그의 미래전망이 아니더라도 실제로 신인류는 머지않아 미증유未曾有의 인터페이스 레저 산업 시대의 한복판에서 생활하게 될 것이 분명하다.

3
레테 강과 다리의 역사

레테lēthē(망각) 강은 가상과 현실을 갈라놓는 원초적 경계다. 일찍이 플라톤은 여기에다 상기(anamnēsis)의 다리를 놓아 이데아의 세계라는 증강현실로 욕망을 이동시키려 했다. 인간의 욕망은 이때부터 관념의 다리를 건너 또 다른 현실로 이동하기 시작한다. 욕망을 관념에 실어 미지의 세계, 비망각(alētheia)의 지대로 나르기 시작한 것이다.

1 | 이동욕망과 욕망의 다리

인간은 욕망을 생각하기 이전에 생각을 욕망한다. 욕망이 본능적, 생득적인 데 비해 생각은 반성적, 임의적이다. 생각이 의식적이고 의도적이라면 욕망은 무의식적이고 자발적이다. 인간은 (데카르트의) '사유하는 주체'이기 이전에 욕망하는 존재다. 인간은 누구나 '나는 욕망한다, 그러므로 나는 존재한다(Desidero ergo sum).'고 말해야 한다. 인간에게는 사유하는 주체(cogito)보다 욕망하는 주체(desidero)가 우선한다. 욕망은 사유의 발로이고 근저이기 때문이다.

욕망은 이동한다(mouvoir). 욕망은 먹고, 배설한다. 욕망은 소유하고 지배한다. 욕망은 생산하고 소비한다. 욕망은 꿈꾸고 생각한다. 욕망은 즐기고 표출한다. 욕망은 보고, 듣고, 말하며 소통한다. 욕망은 잠시도 멈추지 않는다. 욕망은 끊임없이 움직이고 흐른다. 욕망은 표류하고 이동한다. 욕망은 유목하며 횡단한다. 욕망은 영토화/탈영토화한다.

욕망은 방법적(méthodique)이다. 욕망이 곧 방법이다. 인간은 언제나 **방법**을 욕망한다. 인간의 욕망은 근본적으로 존재와 인식의 방법을 찾아내고 행동한다. 이를 위해 욕망은 존재방식과 인식방법, 어디에나 개입하고 삼투한다. 모든 가치판단에는 더욱 그러하다. 그 근저에서 이미 욕망과 맞닿지 않는 사유방법이란 있을 수 없다.

욕망은 새로움(nouveauté)이다. 욕망은 늘 새로운 것을 추구한다. 욕慾+망望의 의미 자체가 과거보다 미래를 지향한다. 그 때문에 욕망은 (방법상) 현실에 대한 긍정보다 부정을 더 좋아한다. 욕망이 비판하거나, 배신하거나, 반역하는 이유도 마찬가지다. 역사에서의 반역이란 시대적 가해행위이지만 인간의 욕망은 새로움의 추구를 위해 늘 그 방법을 즐긴다. 욕망이 반방법(anti méthode)이자 대항방법(contre méthode)으로서 부정과 반역을 통해 새로움을 추구하는 것도 그 때문이다.

욕망은 역사적(historique)이다. 인간의 욕망이 역사를 만든다. 욕망이 역사의 에너지로서 작용하기 때문이다. 언제나 새로움만을 탐닉하는 욕망은 역사를 그대로 놓아두려 하지 않기 때문이다. 결국 인간의 욕망이 역사를 이동시키는가 하면 역사도 인간의 욕망을 실어 나른다. 어떤 역사에도 예외 없이 욕망이 개입되어 있다. 욕망이 부재하는 곳에는 역사도 없다. 시공간적 이동욕망이 언제나 역사를 새로 쓰게 한다. 모든 역사를 욕망이동의 역사가 되게 하는 까닭도 거기에 있다.

욕망은 불가항력적(irrésistible)이다. 인간이 노마드인 이상 욕망의 이동은 막을 수 없다. 인간의 욕망은 태생적으로 부족하고 불충분하기 때문이다. 거기에는 만족이 있을 수 없으므로 욕망의 부족과 결여가 이동과 유목 대신 정지와 정주를 용납하지 않는다. 기원을 알 수 없지만 지상에 수많은 다리가 출현한 것도 그 때문이다. 다리의 역사가 곧 욕망이동의 역사다. 다시 말해 그것은 인류의 욕망이 소통해온 역사다. 다리는 이동/소통하려는 욕망이 낳은 상징이자 흔적이기 때문이다.

또한 다리는 이동욕망의 리좀이기도 하다. 욕망의 삼투화는 그것의 리좀인 다리를 통해 지상을 영토화한다. 인간의 욕망은 돌다리에서 현수교까지, 섶다리에서 철교에 이르기까지 (지구 위에 놓여 있는) 헤아릴 수 없이 많은 다리를 따라 지구 위를 전방위로 유목하며 번식한다. 다리를 따라 이동/소통하는 욕망의 삼투화가 인류의 문명과 문화의 지도를 지구 위에 그려놓는다. 그러므로 다리의 역사에는 적어도 문화인류학이 있고 도시발달사가 있다. 거기에는 민족이동사가 있고 전쟁과 평화의 역사도 있다. 또한 다리의 진화가 인류문명/문화의 진화를 대변하는 이유도 마찬가지다.

2 | 미래의 다리 : 지상에서 가상으로

 지상의 다리 네트워크는 이동하려는 욕망의 그물망이다. 그러나 리좀과도 같은 다리들을 수 없이 놓아온 생득적 이동욕망은 일찍부터 지상에서의 불가항력적 진행이 한계나 장애의 불편함과 마주함으로써 공중으로 이동하려는 꿈을 꾸게 했다. 사후에라도 하늘을 날아다니는 새가 되고 싶어 하던 신화적 조감욕망의 실현을 자극한 것이다. 이른바 '공중의 다리'인 비행기가 발명된 것도 그 때문이다. 오늘날 비행기와 우주선은 인간의 욕망을 대륙 너머까지, 나아가 우주공간에 이르기까지 실어 나른다. 공중의 다리가 이미 우주공간까지 무한히 확장되었기 때문이다. 더구나 나노 탄소막대의 실용화가 이루어진다면 공중의 다리나 엘리베이터는 또 한번 다리혁명을 실현시킬 것이다.

 미래의 다리는 현실의 플러스 울트라인 우주로 확장될 뿐만 아니라 현실 너머의 공간으로도 가늠할 수 없이 확장될 것이다. 시간이 지날수록 무수히 많은 미지의 플러스 플러스 울트라 다리들이 등장하여 인간의 이동욕망을 빠르게 충족시킬 것이다. 예컨대 다층적인 가상현실의 다리들(cyber-bridges)이 바로 그 인터체인지들이다. 이처럼 끝 갈 데를 모르는 인간의 이동욕망은 현실에서의 다리망 구축만으로 만족하지 않는다. 지상과 공중, 지하와 해상 등 생활공간이 온통 다리로 연결된 이동욕망의 네트워크일지라도 그곳은 욕망의 흐름이 밖으로 열릴 수 없는 거미줄 형상의 폐쇄공간에 지나지 않기 때문이다.

 그러나 가상현실은 그와 다르다. 가상현실은 실제현실과의 인터페이스를 통해 우리의 삶을 전방위로 개방하면서 유목공간을 무한히 확장시켜가고 있다. 욕망이 이동하는 실제현실은 적어도 이전과 같은 단순한 공간이 아니다. 이미 실제와 가상을 융합하는 다양한 아이디어와 기술들이 우리의 삶을 주도하기 시작한 지 오래다. 지금도 각종 센서나 칩, 구동장치나 소프트웨어 같은 가상의 다리들이 인간의 욕망을 실제에서 가상까지 두 현실 사이를 동시편재적으로 실어 나르고 있다. 예를 들어 인간 인터페이스 테크놀로지 연구실이 주도하여 만든 『마술 책』과 마찬가지로 스튜어트 딕슨S. Dickson의 이른바 움직이는 조각 작품인 『3차원 요지경 3-D Zoetrope』도 물리적인 것과 가상적인 것, 그리고 과거의 요지경 테크놀로지와 현재의 디지털 테크놀로지 사이를 이어주는 다리 역할을 한다.[66]

 우리는 이미 실제의 다리들과 가상의 다리들이 다중화, 다층화되어 있는 이른바 하이퍼 브릿지hyper-bridge의 시대에 살고 있다. 인간의 욕망이 병치와 삼투, 차용과 융합의 방식으로 횡단하는 탈영토화된 인류학적 공간으로 그 이동회로를 무한히 확장하고 있기 때문이다. 이처럼 우리는 세계주의적 연결고리들, 즉 헤아릴 수 없이 많은 미래의 다리들로 이어지는 확장현실에서 모두를 가로지르는 다양한 우주적 기계 속에 연루된 채 스스로와 소통하고 스스로를 사유하며 지식을 공유하는 인지공동체에서 공존하는 삶을 영위하고 있다.

그러나 실제현실과는 달리 확장/증강현실에서는 어떤 지식도 항구적이지 않다. 거기에는 지식의 일관된 하부구조(episteme)도 없다. 그 때문에 어떤 객관적인 사유방법도 요구되지 않는다. 거기서는 사유공동체로서의 지식집단이나 에이전트가 바뀌고 지식의 플랫폼이 변화함에 따라 모두가, 그리고 모든 것이 표류하고 유동한다. 그곳에서 현실적인 것은 유동적이고 유목적이다. 따라서 유동적이고 유목적인 것만이 현실적이다. 그 때문에 사유방법과 그 표현형들 또한 인터페이스하지 않는 것은 아무 것도 없다. 우리가 지금까지의 철학적 사유, 나아가 인간과학적 사유 그 너머 — 철학적 플러스 울트라(plus ultra of philosophy) — 가 거기에 존재한다는 사실을 간파하게 되는 까닭도 마찬가지다.

'철학적 플러스 울트라'가 도래하면 미래의 철학도들은 교실이라는 실제공간에서도 증강현실 장비(ARHMD)를 통해 실제와 가상의 융합수업을 얼마든지 받을 수 있게 될 것이다. 그들은 아마도 철학 수업에 필요한 자료들을 가상현실에서 불러내거나 동시에 다자와도 의사소통할 수 있기 때문이다. 더구나 종이와 펜이 필요 없게 될 미래의 디지털 교실에서는 철학뿐만 아니라 각자가 원하는 다양한 학문의 정보에 동시에 접속하면서 지금과는 전혀 다른 방식의 철학 수업에 빠져들게 될 것이다.

나아가 미래에는 철학이라는 명칭마저도 더 이상 사용할 수 없게 될지 모른다. 실제현실은 일찍이 파르메니데스가 생각했던 것처럼 또 다른 속견(doxa)의 세계가 될지도 모른다. 지나치게 표현하자면 미래의 철학은 반쪽 현실에서의 유물적 가치밖에 없을 수도 있다. 존재, 인식, 가치의 범주는 별개일 수 없을 뿐만 아니라 융합현실의 새로운 사유범주들의 출현도 기대할 수 있기 때문이다. 예를 들어 융합현실에서는 '방법적 포월包越'과 '범주적 **통섭**通攝[67]'이 융합주의의 유력한 사유방법이 될 것이다. 그 때문에 미래에는 철학 대신 오히려 **통섭적** 융합주의에 기초한 인간문화학이나 융합문화학 같은 신학문들의 탄생을 기대할 수 있다.[68]

맺음말

　메를로-퐁티의 주장에 따르면 미래의 물리적, 생명적, 인간적 질서(l'ordre physique, vital, humain)는 미래의 기술환경이 결정할 것이다. 기술과 환경은 일방적이고 우선적이라기보다 쌍방적이고 상호적이기 때문이다. 매개적이고 지성적인 기술은 늘 새로운 환경에 적응하기 위한 새로운 복합적 행동양식을 발명한다. 또한 주체도 언제나 새로운 환경과의 조화의 방법을 발견한다. 더욱이 다양한 기술이 대규모로 융합하는 미래의 환경에서는 이러한 행동양식의 발명과 사유방법의 발견이 더욱 활발해질 것이다. 다시 말해 디지털 기술결정론은 미래사회의 기술환경뿐만 아니라 '이기적 유전자(the selfish gene)'가 '확장된 표현형'으로 부단히 진화해가듯이 사유방법의 진화에도 마찬가지의 영향력을 발휘할 것임에 틀림없다.

　그러나 인간의 이동욕망은 시간이 지날수록 인터페이스 기술의 암세포를 증식시킬 뿐만 아니라 미지의 디지털 기술이 낳은 변종바이러스의 범람으로 인한 정신의학적 백신 개발도 불가능하게 할 것이다. 이동욕망은 이른바 기술생태학적 환경보호에 대한 고민에 앞서 정보와 지식을 자동기계식으로 전이

시키는 디지털 기술의 무정부 상태를 초래할 것이다. 그 때문에 토머스 휴스도 "테크놀로지를 통해 강력한 힘을 갖게 된 우리는 인공세계의 창조자이자 남아 있는 자연세계의 청지기로서 우리의 가치와 역량을 한 번쯤 의심해볼 필요가 있다.…우리는 자연환경과 인공환경이 서로 겹쳐짐으로써 구성되는 생태환경을 창조해야 하는 책임 역시 방기해왔다."[69]고 경고한다.

무질서한 부스러기 지식들이 차지해버린 프랙탈 네트워크는 종전의 지적 패러다임들이 더 이상 영토권을 주장할 수 있는 공간이 아니다. 그곳에서는 그것들의 공민권도 더 이상 통용되지 않는다. 더구나 횡단보도의 부재로 인한 무단횡단의 일상성에 적응하기 어려운 횡단공포증이나 디지털 광장공포증에 시달리는 융합부적응 증후군 환자들에게 종단성 상실의 충격과 횡단 중독증의 요구는 그들 모두가 감내하기 힘든 고통이 아닐 수 없다.

그들에게 횡단성 지식의 집단적 번식에 대한 역동적 인식은 일종의 미로 게임이나 다름없다. 그들을 미궁으로 안내해 줄 아리아드네Ariadne의 실마리는 보일 리 없다. 그들에게 디지털 네트워크는 독자 생존을 두려워하는 노예사회가 낳은 노예문화의 극치처럼 보일 지도 모른다. "산업세계의 정권들, 너희는 살과 철로 이루어진 진절머리 나는 거인들이다. 나는 정신의 새로운 안식처인 가상공간에서 왔다. 미래에 관해 나는 우리를 홀로 남겨둔 과거의 너희에게 요구한다. 너희는 우리에게 환대받지 못한다. …… 우리의 세계는 그와 다르다. 가상공간은 데이터의 교환과 관계, 그리고 사고 자체로 구성된 곳이다. 그 공간은 우리의 의사소통 네트워크에서 흐르는 부단한 파도와 같다. 우리 것이야말로 어느 곳에도 없는 세계이며, 어느 곳에나 있는 세계다."[70)]라고 외치는 존 페리 밸로우의 '사이버스페이스 독립선언문'도 사실은 히브리 노예들의 합창이나 다를 바 없다.

다시 말해 이러한 가상공간의 독립선언에도 불구하고 그들에게 가상현실의 사회란 정치적으로 '얼굴 없는 사회'가 만든 이른바 '유목민주주의(nomadic democracy)'의 인공공간이다. 자연공간의 임장성臨場性을 강조하던 정주민의 광장민주주의(agora democracy)와는 달리 '그 세계에는 어떤 신체도 거주하지 않는' 비임장적 이동성이 오히려 장점으로 간주되기 때문이다. 또한 경제적으로도 그곳은 실제현실보다 더욱 더 자본종속적인 공간에 지나지 않는다. 디지털 기술 자체가 철저한 자본의 산물이므로 그 인공현실도 경제 결정론적이고 토대 결정론적 운명을 벗어날 수 없다.

그러나 실제현실이라는 자연공간은 인공현실, 즉 가상공간의 휴식처다. 이에 비해 가상공간은 놀이터일 수 있지만 휴식처일 수는 없다. 피에르 레비가 가상공간을 가리켜 "그것은 더 이상 집중되고 닫힌 태고의 지구가 아닌 또 다른 지구다. 즉 그것은 섬광과 돌연변이 기호들이 횡단하는 인위성의 구체(une sphère)이고, 전광석화와 같은 속도를 지닌 인지의 행성이며, 동식물과 제신들의 오랜 유목적 지구를 이중화, 복수화하고 교란하는 전자 폭풍우다."[71]라고 규정할지라도 그곳이 곧 이동욕망의 닻을 내릴만한 마지막 안식처가 될 수는 없다.

주지하다시피 또 다른 지구는 또 다른 사유방법의 장이다. 거리의 소멸과 더불어 언어중심주의의 종말과 의사소통방식의 주도권 폐지 등이 '세계-간間-현존들'의 삶의 방식과 사유방법의 변화를 불가피하게 초래하기 때문이다. 인간의 이동욕망이 존재도, 인식도 그 방식의 기반을 이른바 **통섭**通攝에서 구하는 이유가 거기에 있다. 그러므로 **통섭**하는 다중多衆의 인식공동체에서는 태고의 철학 대신 다른 학문들이 지식의 지도를 그려나갈 것이다. 예컨대 인공생명윤리학, 가상현실인류학, 프랙탈 사회학, 하이퍼 텍스트 이론, 유목기호학, 다차원적 이미지 인식론, 협동적 기억이론 등이 그것이다.

1장

1) 本鄕隆盛, '荻生徂徠の公私觀 と政治思想', 『日本思想史學』 第22号, 日本思想史學會, 1990, 69쪽.
2) 볼테르가 소설 『캉디드 Candide』(1759)에서 철학자 팡글로스 박사를 통해 '신의 섭리에 따른 이 조화로운 세계가 모든 가능한 세계 가운데 최선'이라는 라이프니츠의 예정조화설을 조롱하는 주장을 가리킨다. 그러나 일본사상사에도 팡글로스 박사가 조롱하는 퇴행적 사고, 즉 광기의 출현을 찾아보기란 어렵지 않다. 예를 들어 천황교의 팔굉일우적八紘一宇的 신정주의神政主義도 극단적 파토스가 낳은 광신적 예정조화설에 불과하기 때문이다.

2장

3) 이성지향적 욕망은 텍스트를 해독하거나 해석하기보다 관음觀淫하거나 유람遊覽하도록 사유충동을 끊임없이 자극한다. 모든 텍스트는 해석되어야 할 권력기제도 아니고 관음할 수 없도록 은밀하게 감춰진 몸매도 아니다. 텍스트는 이미 살 그 자체를 옷으로 이미지화한 여성의 누드나 다름없다. 누드 앞에서 성性은 보는 이의 눈 속

에 있고 눈에서 나오듯이 텍스트에 대해서도 그 이해는 사유의 눈 속에 있고 사유충동에서 나온다.

특히 사상이나 철학도 기호학이 될지 모를 융합현실의 이미지 언어 시대가 도래하면 텍스트는 해독이나 해석보다 관람이나 유람의 대상이 될 것이다. 이광래 지음, '미래의 철학으로서 이미지철학', 『해체주의와 그 이후』, 열린책들, 2007, pp.333-336.

4) 프로이트는 이것을 『성욕에 관한 세 편의 에세이』에서 물품관음증(Fetischismus)이라고 불렀다. 생식기의 대체물로서 이성異性의 신체의 일부나 그/그녀가 지닌 물품 따위만으로도 성적 만족을 일으키는 일종의 성도착적 증후를 말한다.

5) 김응종, 『아날학파』, 민음사, 1991, pp.15-16.

6) 앞의 책, p.26.

7) 앞의 책, p.85.

8) P. Veyne, L'histoire conceptualisante, *Faire de l'histoire*, I. p.151.

9) P. Veyne, *Comment on écrit l'histoire*, 1971. p. 171.

10) 이광래, '통리通理와 반리反理', 『日本思想』, 제11호, 한국일본사상사학회, 2006. p.9.

11) Friedrich Nietzsche, *Die Fröhliche Wissenschaft*, 제343절.

12) Maurice Blanchot, *L'Entretien infini*, 1969, p.211.

13) Daniel O'Hara, *Why Nietzsche Now?*, Indiana University Press, 1981, p.xii.

14) 이탈리아의 프란체스코 수도회 수도사였던 카르피니Giovanni de Plano Carpini가 1245~47년까지 교황 인노켄티우스 4세의 명령에 따라 몽골제국을 정찰한 뒤 기록한 『몽골견문록 *Ystoria Mongalorum*』에 의하면 헌종憲宗이라고 불리는 몽골제국의 제4대 칸Khan인 몽케 칸Möngke Khan(1208~59)의 궁정에는 독일인, 프랑스인, 영국인, 헝가리인, 러시아인, 리투아니아인 등이 여러 가지 일을 떠맡았으

며 궁정의 경비는 그리스인이 맡아 했다. 그의 동생이자 원元의 초대 황제인 쿠빌라이 칸 시대(재위 1260~94)의 수도였던 베이징의 성문은 러시아의 외인부대가 지켰다.

15) 라이프니츠, 『중국자연신학론 *Discours sur la Theologie naturelle Chinois*』, 1716, 이동희 편역, 『라이프니츠가 만난 중국』, 이학사, 2003, pp.87-88.

16) 앞의 책, p.90.

17) J. J. Clarke, *Oriental Enlightenment: The Encounter Between Asian and Western Thought*, Routledge, 1997, p.44.

18) 앞의 책, p.65.

19) 앞의 책, p.68.

20) 앞의 책, p.69.

21) A. M. Frazier, 'An European Buddhism', *Philosophy East and West*, 15:2, 1975, p.146.

22) Paul Shih-yi Hsiao, 'Heidegger and Our Translation of Tao Te Ching', *Heidegger and Asian Thought*, University of Hawaii Press, 1987, p.93.

23) 방이지에 의하면 質測은 通幾를 간직하는 것이다. 또한 通幾는 질측의 궁리窮理를 지키는 것이다. 질측은 개별과학을 의미하는 동시에 그 집약으로서의 개별이론도 의미한다. 오늘날의 의미로 질측은 자연과학=개별과학이다. 통기는 그 자체로서 존재하는 것이 아니라 질측에 담겨 있는 것이다.

24) 이광래, 『해체주의와 그 이후』, 열린책들, 2007, pp.112-140.

25) 앞의 책, p.183.

26) Jean-François Lyotard, *Le postmoderne expliqué aux enfants*, Galilée, 1986, p.45.

27) 이광래, 앞의 책, pp.318-319.

28) 小林道憲, 『複雜系の哲學』, 麗澤大學出版會, 2007, p.104.
29) 김응종 지음, 앞의 책, p.166.
30) 마르크 블로크Marc Bloch는 『농촌사의 기원적 특징 *Les caractères originaux de l'histoire rurale française*』(1931)과 『봉건사회 *La société féodale*』(1939~40) 등에서 인과적 연속성에 근거한 정치적 시대인식보다도 사회구조의 역동적 관계를 총체적으로 재생시켜보려는 전체사적 역사이해에 관심을 집중했다. 그가 역사를 바라보는 기본적인 관점은 '사람이란 아버지보다 자기시대를 더 닮는다.'는 아랍의 격언에 입각해 있다. 그가 "사회란 기하학적 형상을 하고 있지 않다." 든지 "사회구조를 연구하는 역사가는 경제와 심성의 분석을 출발점으로 삼는다."와 같은 주장을 하는 까닭도 거기에 있다.

그러나 푸코의 절친한 동료였던 역사가 폴 베인P. Veyne은 "역사를 이해한다는 것은 표면의 소용돌이 저변에 있는 대규모 흐름을 분별해내는 데 있는 것이 아니다. 역사는 심층을 가지고 있지 않다."(L' histoire conceptualisante, in *Faire de l'histoire*, I, p.71.)고 하여 아날학파의 역사학에 반대한다. 그에 의하면 "미슐레의 노력에도 불구하고 역사는 소생도 아니고 초혼招魂도 아니다. 역사는 과학, 분석, 개념화다."(Histoire et historiens, *Annales*, 1972, p.669.) 다시 말해 어떤 역사도 불가피하게 역사가에 의해 쓰여질 수밖에 없기 때문에 단지 부분적인 역사만이 존재할 뿐 아날학파가 지향하는 '삶의 총체적 소생'이란 그들의 환상에 지나지 않는다는 것이다.
31) 이광래, 『일본사상사연구』, 경인문화사, 2005, p.11.
32) Louis Althusser, *Pour Marx, Maspero*, 1965, pp.99-100.
33) 이광래, 『미셸 푸코 : 광기의 역사에서 성의 역사까지』, 민음사, 1989, pp.32-33.
34) Michel Foucault, *Les mots et les choses*, Gallimard, 1966, p.14. 이광래 옮김, 『말과 사물』, 민음사, 1987, p.20.

35) 이광래,『미셸 푸코 : 광기의 역사에서 성의 역사까지』, p.82.
36) 표현형(phénotype)이라는 유전학의 용어는 '하나의 유전자의 몸으로 나타남'을 의미한다. 즉 배(embryo)의 발생과정을 통해 유전자가 그 대립 유전자와 비교해서 신체에 끼치는 효과에 대하여 쓰이는 용어이다. 그러나 여기서는 사상의 진화를 생물학적 유전과정에 비유하여 설명하기 위해 사유내용으로서의 사상을 사유의 표현형이라고 부르려 한다. 줄리아 크리스테바도 자신의 기호학에서 마찬가지 이유로 '현상으로서의 텍스트(phénotexte)'라는 용어를 사용한 바 있다.
37) 리처드 도킨스, 홍영남 옮김,『이기적 유전자』, 을유문화사, 2006, p.76.
38) 앞의 책, p.331.
39) 앞의 책, p.93.
40) 구역질나는 맛을 지닌 나비는 새들에게 잘 잡혀 먹히지 않는 반면 맛이 나쁘지 않은 나비는 잘 잡혀 먹힌다. 그래서 이런 종류의 나비들은 나쁜 맛의 나비의 색깔과 형태를 흉내내어 새들을 속인다. 이 때문에 의태의 유전자는 자연선택에서 유리하다. 이것을 두고 리처드 도킨스는 〈나비의 의태〉라고 부른다. 리처드 도킨스, 앞의 책, p.88. 참조.

3장

41) 앞의 책, p.443.
42) 이광래,『해체주의와 그 이후』, 열린책들, 2007, p.318.
43) Pierre Lévy, *L'intelligence collective*, La Découverte/Poche, 1997, p.120.
44) 제이 D. 볼터 & 다이안 그로맬라 지음, 이재준 옮김,『진동_오실레이

션』, 미술문화, 2008, pp.162-163.
45) John Perry Barlow, 1996. Declaration of Independent for Cyberspace, 〈www. eff.org./~barlow〉, 앞의 책, p.162. 참조.
46) Karlheinz Steinmüller, *Die Zukunft der Technologien*, HSH Nordbank, 2006, S. 295.
'Plus ultra'는 스페인을 창건한 여왕 이사벨라 1세의 권고에 따라 콜럼버스가 그 너머의 세상을 찾아 떠난 대항해 시대 이래 스페인 왕가가 부르짖어 온 슬로건이다. 그때부터 왕가의 문양 속에는 지중해, 〈그 너머의 더 넓은 세상으로〉 나아가자는 이 구절이 두 기둥 사이에 새겨져 있다.
47) 화물 운송 항공기만 270대를 보유하고 하루에 1억 3천 5백만 건의 물품을 배송하는 세계적인 물류회사 UPS의 슬로건이다.
48) 에드워드 윌슨, 최재천 장대익 옮김, 『지식의 대통합 : 통섭』, 사이언스 북스, 2005, p.495.
49) 앞의 책, p.92.
50) 앞의 책, p.93.
51) 末木文美士, 『日本佛敎史』, 新潮社, 1992, p.90.
52) 이광래, 『프랑스철학사』, 문예출판사, 1992, p.242.
53) 에드워드 윌슨, 앞의 책, p.460.
54) 이광래, 『해체주의와 그 이후』, 열린책들, 2007, p.317.
55) 에드워드 윌슨, 앞의 책, pp.461-462.
56) Pierre Lévy, *L'intelligence collective*, La Découverte/Poche, 1997, p.33.
57) 앞의 책, p.134.
58) 앞의 책, p.120.
59) 이광래, 『해체주의와 그 이후』, 열린책들, 2007, p.159.
60) www. hitl. washington.edu/magicbook/background.html, 제이 D. 볼터 & 다이안 그로맬라 지음, 이재준 옮김, 『진동_오실레이션』, 미

술문화, 2008, pp.108-109.
61) 책상 위에 놓인 『마술 책』은 "물리적인 페이지를 넘기면 빛깔 고운 난쟁이를 만날 수 있고, 간단한 이야기도 읽을 수 있다. 그러나 그 작품에서는 더 많은 경험을 할 수 있다. 독자가 특수 디지털 안경을 착용하면 형상들과 건물 그림들이 그 페이지에서 갑자기 3차원 공간 안으로 뛰쳐나온다. 그 결과 『마술 책』은 디지털 팝업북이 된다. 그리고 독자가 특수 안경의 끝부분을 누르면 해당 페이지 위의 장면이 점점 커져서 그의 주변을 둘러싼다. 독자는 이제 특수 안경의 스위치를 사용해서 날아다니면서 가상의 장면을 탐험할 수 있다. 그 대신 그는 그 책을 '몸에 걸치고' 그것을 가상현실처럼 경험한다. 두 명의 독자가 이 물리적이고도 가상적인 책을 공유할 수도 있다. 두 사람 모두 특수 안경을 착용한 채, 한 사람은 가상의 책 안으로 들어갈 수 있고, 또 다른 사람은 물리적인 책의 해당 페이지 위에 생성된 3차원 이미지를 계속해서 바라볼 수 있다.", 『진동_오실레이션』, pp.107-108 참조.
62) 크라카우어Siegfried Kracauer는 영화관을 가리켜 '분산적 지각의 궁전'이라고 표현하지만 가상현실은 신인류가 그보다 비교할 수 없이 증강된 분산적 지각을 공유하는 공간이므로 '분산적 지각의 신전'이나 다름없다.
63) 『진동_오실레이션』, p.161.
64) Pierre Lévy, *L'intelligence collective*, p.132.
65) 이광래, 『해체주의와 그 이후』, 열린책들, 2007, p.331.
66) 『진동_오실레이션』, p.113.
『3차원 요지경』은 회전하는 바퀴에 장착된 60개의 개별 조각들이 매끄럽게 모핑되는 이미지와 융합된 움직이는 조각이다. 이 작품은 컴퓨터 그래픽이 디지털 모핑 테크닉을 통해 가상적으로 성취한 것을 물리적 조각으로서 이루어낸 것이다.

67) 사전적 의미로 '싸다', '포함하다', '아우르다'의 포包와 '넘다', '뛰어넘다'의 월越을 결합한 포월은 '~을 포함하여 뛰어넘다'는 뜻이다. 일본사상사에서 에도(江戶) 시대의 유학자인 나카에 토쥬(中江藤樹)가 주자학의 理가 지닌 형이상학적 측면을 포월하여 더욱 근원적인 神理를 주장하기에 이른 그의 종교적 포월주의의 경우가 그러하다. 한국 유학의 거두인 율곡의 이른바 성리학적 '氣包理' 사상 속에도 포월의 논리가 작용하고 있음을 알 수 있다.

또한 지적 포월의 개념은 일상적 포섭의 의미와도 다르다. 포섭에는 시간, 공간적으로 안으로 향하려는 내향적 에너지가 작용한다면, 포월에는 밖으로 향하려는 외향적 에너지가 작용한다. 그러므로 전자가 하나로 폐역화된 총체화, 거대화, 통섭화統攝化를 지향한다면 후자는 다수로 열개화裂開化된 편재화, 통섭화通攝化를 지향한다.
68) 이광래, 『해체주의와 그 이후』, p.328.

맺음말

69) 토머스 휴즈, 김정미 옮김, 『테크놀로지, 창조와 욕망의 역사』, 플래닛미디어, 2008, pp.206-207.
70) 『진동_오실레이션』, p.162.
71) Pierre Lévy, *L'intelligence collective*, p.140.

국내

김응종, 『아날학파』, 민음사, 1991.
라이프니츠, 『중국자연신학론 Discours sur la Theologie naturelle Chinois』, 1716, 로저 트리그, 김성한 옮김, 『인간 본성과 사회생물학』, 궁리, 2007.
리처드 도킨스, 홍영남 옮김, 『이기적 유전자』, 을유문화사, 2006.
매완 호, 이혜경 옮김, 『나쁜 과학』, 당대, 2005.
심혜련, 『사이버스페이스 시대의 미학』, 살림, 2006.
윌리엄 카노크, 황태호·최기철 옮김, 『21세기 쇼크』, 경향신문사, 1996.
윤영수, 채승병, 『복잡계개론』, 삼성경제연구소, 2005.
이동희 편역, 『라이프니츠가 만난 중국』, 이학사, 2003.
에드워드 윌슨, 최재천·장대익 옮김, 『지식의 대통합: 통섭』, 사이언스북스, 2005.+
이광래, 『미셸 푸코: 광기의 역사에서 성의 역사까지』, 민음사, 1989.
_____, 『프랑스철학사』, 문예출판사, 1992.
_____, 『한국의 서양사상 수용사』, 열린책들, 2003.
_____, 『일본사상사연구』, 경인문화사, 2005.

_____, 『해체주의와 그 이후』, 열린책들, 2007.

제이 D. 볼터 & 다이안 그로맬라 지음, 이재준 옮김, 『진동_오실레이션』, 미술문화, 2008.

제임스 데이터 편, 우태정 옮김, 『다가오는 미래』, 예문, 2008.

주형일, 『이미지를 어떻게 볼 것인가?』, 知&智, 2006.

토머스 휴즈, 김정미 옮김, 『테크놀로지, 창조와 욕망의 역사』, 플래닛미디어, 2008.

국외

Daniel O'Hara, *Why Nietzsche Now?*, Indiana University Press, 1981.

Jean-François Lyotard, *Le postmoderne expliqué aux enfants*, Galilée, 1986.

J. J. Clarke, *Oriental Enlightenment: The Encounter Between Asian and Western Thought*, Routledge, 1997.

Karlheinz Steinmüller, *Die Zukunft der Technologien*, HSH Nordbank, 2006.

Louis Althusser, *Pour Marx*, Maspero, 1965.

Maurice Blanchot, *L'Entretien infini*, 1969.

Michel Foucault, *Les mots et les choses*, Gallimard, 1966, 이광래 옮김, 『말과 사물』, 민음사, 1987.

Paul Shih-yi Hsiao, 'Heidegger and Our Translation of Tao Te Ching', *Heidegger and Asian Thought*, University of Hawaii Press, 1987.

Pierre Grialou, Giuseppe Longo, Mitsuhiro Okada (ed.), *Images and Reasoning*, Keio University Press, 2005.

P. Veyne, *Comment on écrit l'histoire*, 1971.

Pierre Lévy, *Les Technologie de l'intelligence. L'avenir de la pensée à l'èreinformatique, La Découverte*, 1990.

_____, *Qu'est-ce que le virtuel?*, La Découverte, 1995.

_____, *L'intelligence collective*, La Découverte/Poche, 1997.

J. J. Clarke, *Oriental Enlightenment: The Encounter Between Asian and Western Thought*, Routledge, 1997.

末木文美士, 『日本佛敎史』, 新潮社, 1992.

吉永良正, 『複雜系とは何か』, 麗澤大學出版會, 1996.

田中博, 『生命と複雜系』, 培風館, 2002.

統合學術國際硏究所 編, 『複雜系, 諸學の統合を求めて』, 晃洋書房, 2005.

小林道憲, 『複雜系の哲學』, 麗澤大學出版會, 2007.

인명 색인

가토 히로유키加藤弘之
 (1836~1916) 119
게루, 마르샬 Martial Gueroult
 (1891~1976) 117
고염무顧炎武(1613~82) 87
그로맬라, 다이앤 Diane Gromala
 134
글렌, 제롬 Jerome Glenn 157
기비 마키비吉備眞備(693경~775)
 41
깁슨, 윌리엄 William Gibson
 (1948~) 155, 156
 『뉴로맨서 Neuromancer』 155,
 156
뉴턴, 아이작 Sir Isaac Newton
 (1642~1727) 49
니체, 프리드리히 Friedrich
 Nietzsche(1844~1900) 85, 86,
 89, 98, 100, 101, 106, 108, 109
다카야마 초규高山樗牛(1871~
 1902) 119
 『우리나라 국체와 새판도我國體
 と新版圖』 119
다카하시 마사야스高橋正和 91,
 131
달랑베르, 장 르 롱 Jean Le Rond d'
 Alembert(1717~83) 84

데리다, 자크 Jacques Derrida
 (1930~) 89, 108, 109, 141,
 150, 153
 『글쓰기와 차이』 109
데카르트, 르네 René Descartes
 (1596~1650) 32, 48, 89, 150,
 158
 『방법서설』 48
도쿠가와 요시무네德川吉宗(1684~
 1751) 42, 43
도킨스, 클린턴 리처드 Clinton
 Richard Dawkins(1941~) 128,
 129, 132, 133
들뢰즈, 질 Gilles Deleuze(1925~
 95) 32, 106, 108, 110
디드로, 드니 Denis Diderot(1713~
 84) 84
딕슨, 스튜어트 S. Dickson 162
 『3차원 요지경 3-D Zoetrope』
 162
라이프니츠, 고트프리트 빌헬름 폰
 Gottfried Wilhelm von Leibniz
 (1646~1716) 32, 94, 95, 96
 『중국인의 자연신학에 관한 논
 문』 98
라캉, 자크 Jacques Lacan(1901~81)
 122, 125

레비, 피에르 Pierre Revy(1956~) 134, 150, 151, 167
레비스트로스, 클로드 Claude Lévi-Strauss(1908~91) 122, 124, 125
로크, 존 John Locke(1632~1704) 89
루소, 장-자크 Jean-Jacques Rousseau(1712~78) 84
리오타르, 장 프랑수아 Jean Francois Lyotard(1924~98) 108, 110, 111
리치, 마테오 Matteo Ricci(1552~1610) 94, 97
마루야마 마사오 丸山眞男(1914~96) 42, 43, 45
마르크스, 카를 Karl Heinrich Marx(1818~83) 23, 25, 79, 90, 106, 110, 114, 122, 128
마젤란, 페르디난드 Ferdinand Magellan(1480경~1521) 148
마키아벨리, 니콜로 Niccolo Machiavelli(1469~1527) 23
『군주론』 23
말브랑슈, 니콜라 Nicolas Malebranche(1638~1715) 93
『신의 존재와 본성에 관한 기독교철학자와 중국철학자와의 대화 Entretien d'un philosophe chrétien et d'un philosophe chinois sur l'existence et la nature de Dieu』 93
메를로-퐁티, 모리스 Maurice Merleau-Ponty(1908~61) 165

모네, 클로드 Claude Oscar Monet(1840~1926) 28
모토오리 노리나가 本居宣長(1730~1801) 17, 43, 86, 119
『직비령直毘靈』 119
몽테스키외, 샤를 루이 드 세콩다 Charles Louis de Secondat Montesquieu(1689~1755) 84
미나모토 료엔 源了圓 45
미슐레, 쥘 Jules Michelet(1798~1874) 117
미우라 바이엔 三浦梅園(1723~89) 45, 46, 104
『현어 玄語』 46
바타유, 조르주 Georges Bataille(1897~1962) 85
박순 朴淳(1523~89) 47
방이지 方以智(1611~71) 87, 104, 105
『동서균 東西均』 105
『물리소식 物理小識』 105
백남준 白南準(1932~2006) 28
밸로우, 존 페리 John Perry Barlow(1947~) 167, 135
베르그송, 앙리 Henri Louis Bergson(1859~1914) 115
베이컨, 로저 Roger Bacon(1214~94) 48, 49, 92
『대저작 Opus Majus』 93
베인, 폴 Paul Veyne(1930~) 81
볼터, 제이 데이비드 Jay David Bolter(1951~) 134
볼테르, 프랑수아 Francois Marie

Arouet(1694~1778) 121
『습속론 Essai sur les moeurs』 98
『자디그 Zadig』 98
『중국의 고아 L'Orphelin de la Chine』 98
브로델, 페르낭 Fernand Braudel (1902~85) 114, 116
블랑쇼, 모리스 Maurice Blanchot (1907~2003) 86
블로크, 마르크 Marc Bloch(1886~1944) 80, 114, 117
『역사를 위한 변명 Apologie pour l'histoire』 81
사르트르, 장 폴 Jean Paul Sartre (1905~80) 32, 122, 124
사이구사 히로토 三枝博音 46
사이드, 에드워드 Edward Said (1935~2003) 98
살로메, 루 안드레아스 Lou Andreas Salome(1861~1937) 100
서경덕 徐敬德(1489~1546) 47
소흔의 蕭欣義 102
쇼펜하우어, 아르투르 Arthur Schopenhauer(1788~1860) 85, 98-100
슈타인뮐러, 칼 하인츠 135
스미스, 애덤 Adam Smith(1723~90) 111
스피노자, 바루흐 Baruch de Spinoza(1632~77) 32, 45, 48
『에티카』 48
시마다 겐지 島田虔次 46
아리스토텔레스 Aristoteles(BC 384~BC 322) 31, 48, 89, 105, 106, 128, 143
아우구스티누스, 아우렐리우스 Aurelius Augustinus(354~430) 121
아퀴나스, 토마스 Thomas Aquinas (1125?~1174) 107
아탈리, 자크 Jacques Attali(1943~) 145
안셀무스 Saint Anselm of Canterbury(1033/34~1109) 107
안넨 安然 142
알튀세, 루이 Althusser, Louis (1918~90) 122, 123, 125
야나기다 쿠니오 柳田國男 118
야스마루 요시오 安丸良夫(1934~) 42, 43, 45
엔도 슈사쿠 遠藤周作(1923~96) 118
오규 소라이 荻生徂徠(1666~1728) 41-45, 86
오하라, 대니얼 Daniel O'hara 86
『왜 지금 니체인가?』 86
왕양명 王陽明(이름 守仁, 1472~?1528) 128
윌슨, 에드워드 Edward Osborne Wilson(1929~) 137-143, 148, 149
유예 游藝 104, 105
『천경혹문 天經或問』 105
이이 李珥(1536~84) 47
이지함 李之菡(1517~78) 47
이황 李滉(1501~70) 47

장석창蔣錫昌 102
『노자교고老子校詁』 102
정개청鄭介淸(1529~90) 47
정약종丁若鍾(1760~1801) 107
『주교요지』 107
주희朱熹(1130~1200) 128
최한기崔漢綺(1803~77) 104
카, 에드워드 핼릿 Edward Hallet Carr(1892~1982) 121
칸트, 이마누엘 Immanuel Kant (1724~1804) 77, 85, 89
케언크로스, 프랜시스 Frances Cairncross(1944~) 112, 134
콩도르세, 마리 장 안투안 니콜라 드 카리스타, 마르키 드 Marie-Jean-Antoine-Nicolas de Caritat, marquis de Condorcet(1743~1794) 121
콩트, 오귀스트 Auguste Comte (1798~1857) 142, 143
테사우로, 에마누엘레 Emanuele Tesauro 105, 106
『아리스토텔레스의 망원경 Il cannocchiale aristotelico』 105
토인비, 아널드 조지프 Arnold Joseph Toynbee(1889~1975) 79
파르메니데스 Parmenides(?B.C. 515~?) 31, 164
파크스, 그레이엄 Graham Parkes 103
페브르, 뤼시앵 Lucien Febvre (1878~1956) 79, 114
『역사를 위한 전투 Combats pour l'histoire』 79
푸코, 미셸 Michel Foucault(1926~84) 89, 106, 108, 125, 127
『광기의 역사』 108
프로이트, 지그문트 Sigmund Freud(1856~1939) 20, 90, 106, 123
프리고진, 일리야 Ilya Prigogine (1917~2003) 115, 1,6
『새로운 연합 La Nouvelle Alliance』 115
『혼돈으로부터의 질서 Order out of Chaos』 115
플라톤 Platon(BC 428/427~BC 348/ 347) 31, 89, 106, 128, 158
피카소, 파블로 Pablo Picasso (1881~1973) 28, 76
하이데거, 마르틴 Martin Heidegger (1009 1976) 101-103
『예술작품의 기원』 103
『존재와 시간』 103
허엽許曄(1517~80) 47
헤겔, 게오르크 빌헬름 프리드리히 Georg Wilhelm Friedrich Hegel (1770~1831) 32, 85, 98, 106, 110, 114, 128
헤시오도스 Hesiodos 31
『신통기神統記 Theogonia』 31
혼고우 다카모리本鄕隆盛 43
홍대용洪大容(1731~83) 104
황종희黃宗羲(1610~95) 87
휴스, 토머스 Thomas Hughes (1929~) 166

Bananaism 42
Pax Tartarica(몽골에 의한 세계평화) 92
가도歌道 44
가상다리들(cyber bridges) 34, 63, 161
가상순례(cyber-pilgrimage) 149
가족제 국가주의 86, 119
가치개입 36
가치중립 36
감성(sensibilité) 20, 38, 80
거대이야기(grand récit) 110, 111, 137
거대한 춤(titanic dance) 86
거리의 소멸(The Death of Distance) 112, 135, 168
건조술적 방법 117
격물치지格物致知 47
격세유전隔世遺傳(atavisim) 53, 142
결여 15, 19, 54, 59-61, 80, 91, 131, 132, 160
결여缺如(dēficientia) 53, 56
결절점結節點 26, 145
겸학수행兼學修行 142
경제결정론 123

고도古道부활론 44
고드름문화론 118
고학古學으로의 회귀 87
공감각적 환상 155
공시적 52, 59, 64, 126
공시적共時的 관계 31, 126
공시적 구조 124
공시적 모방 54
공시적(synchronique) 방법 121, 122, 128
공시적 이동 53, 54
공시적 전체성 127
공시적 횡단 64
공시적 횡단성 63
공중의 다리 63, 161
관계-내-사고(Denken-in-Beziehungen) 64
관계사고(Bezhiehungsdenken) 16, 31, 47, 62, 63
관계의 총체 125
관계짓기 게임 64
관학 이데올로기 107
광대역廣帶域의 세계 112
광장민주주의(agora democracy) 167
구조 없는 구조 150

구체적 텍스트(phénotexte) 21, 45
구체적 표현형(phénotype) 19, 48
권력의 계보학 125
그라마톨로지 grammatologie 141
극황도좌표極黃道座標 105
근대적 진보사관 122
근친도(relatedness) 130
근친혼인 51
금기禁忌 51, 52
기독교적 패권주의 93
기술생태학적 환경 165
기일원론氣一元論 47
긴장지수 78
내생적 긴장 71, 72, 78, 82
내성외왕지도內聖外王之道 32
내용론(theory of contents) 88
노마드 nomade 38, 145, 150, 160
노에마 noema(경험대상) 20, 32, 49
노에시스 noesis(의식방법) 20, 32, 49
논어수용사論語受容史 106, 130
논어해석사論語解釋史 106
눈속임 기술(art de trompe-l'œil) 28
니체의 망치질(coups de marteau) 85
니체의 예후 85
다중 프랙탈 차원(multifractal dimension) 34
다중적 집단횡단 149
단절적 공시태共時態 122
대리성인론代理聖人論 42, 44

대일설법大日說法 142
대자對自(pour-soi) 20, 21, 32
대항방법(contre méthode) 89, 159
데리다의 철학 109
도전과 응전 79
동도서기東道西器 104
동서종합형 104
동서철학사 90, 104, 106, 120
동양습합론 98
동어반복同語反覆 26
디지털 광장공포증 166
디지털 기술결정론 165
디지털 인텔리전스 112, 134
따뜻한 역사 80
랑그 langue 57
레닌주의 131
레테 lēthē(망각) 강 32, 158
리비도 libido 13, 19, 20, 52, 58, 61, 71, 72, 131
리좀 rhizome 32, 33, 63, 110, 136, 144, 147, 150, 160, 161
메타방법(metamétohde) 36, 37
메타이야기(métarécit) 110, 111
명청실학 86, 107
명청실학파 107
모노노아와레(物のあわれ) 44
모노노아와레(物のあわれ)를 안다 18
모태신앙 157
무구조주의 150
무로부터의 창조(creatio ex nihilo) 28
무無방법 12

사항 색인 185

무화無化 28, 61
문화 리좀 33
문화숙주 29
문화적 우세종(cultural dominant) 132
문화적 유전자(文化素) 33
물품음란증(Fetishism) 58
미래의 사유방법 133
미래의 철학사 90
미로 게임 166
미시구조 141
반관합일反觀合一 45
반리反理 27, 36, 76, 83, 108, 132
반리성反理性 131
반리적 결과 84, 85
반리적 사조 84
반리적(또는 배리적) 징후 83
반리적 현상 82
반리학反理學 86
반리反理현상 82-85
반방법(anti méthode) 12, 35-37, 49, 81, 89, 159
반성의 거울 153
반성적 인터페이스 154
반역의 예후豫後 77
반역의 징후 76, 80
반역의 흔적 66
반철학의 철학 108
방법개입적方法介入的 12, 17
방법계몽서方法啓蒙書 48
방법구속적方法拘束的 12
방법론(methodology) 88, 94
방법사관론方法史觀論 120

방법에 대한 의지(volonté de méthode) 22, 23, 42
방법으로서의 사상사 74
방법의 승리 42, 43
방법적 진화 130
방법적 포월包越 164
방법적 회의 48
방법지향적方法指向的 12
배리의 파노라마 76
배설본능 37
백과전서파 84
범주적 통섭通攝 164
베이컨의 방법 48, 49
변명의 역사학(histoire de l' apologie) 81
변신론辯神論 32
보이지 않는 손 111
보편사적 구원 111
복잡계(complex systems) 25, 116
복잡계 역사학(history of complexity) 115
복잡계 이론 115
본국중심주의 119
부등화不等化 78
부정否定 12, 28, 36, 37, 42, 48, 51-70, 72, 75, 76, 79, 81, 92, 100, 108, 159
부정에 대한 의지(volonté de négation) 67
부정의 방법사 66
부정의 성적표 67
분산적 지각의 신전 155
불립문자不立文字 70

브라만주의자(Brahmanist) 100
비망각(alētheia) 158
비선형성非線形性 116
비판 53, 55, 62, 63, 66, 67, 76-88, 91, 98, 107, 132, 159
비판철학 77
사건으로서의 역사(res gestae) 65, 121
사르트르의 역사주의 122
사상의 유전학 130
사심지집捨心之執 45
사유공동체 150, 163
사유관음 61
사유유람증(spiritual nomadism) 58
사유의 긴장사 62
사유의 다리놓기 62, 64
사유의 모멘트 69
사유의 반역사叛逆史 55
사유의 유목사遊牧史 54, 58
사유의 플랫폼 65
사유의 허기짐 59-61
사유충동(thinking drive) 58-61
사이버 나우Cyber Now 157
사이버 서핑 157
사이버 신학 156
사이버스페이스 독립선언문 135-167
사일교판론四一敎判論 142
사회물리학(la physique sociale) 142, 143
사회생물학 138, 139, 142, 143
산일구조散逸構造 115

삼투(osmosis) 관계 92
상기(anamnēsis) 158
상리공생相利共生 13, 138
새로움에 대한 의지(volonté de nouveauté) 25, 26, 54, 67, 73, 131
생득적(innate) 38, 59, 61, 73, 123, 158, 161
생활사(Vivre l'histoire) 80
서세동점西勢東漸 87, 104
서체동용西體東用 93
서혼동재西魂東才 93
선취된 방법(anticipated method) 89, 90, 113, 114
선취된 전전이해(mitgebrachtes Vorverständnis) 64
선취성先取性 90
섭취 충동 60
성인욕망聖人慾望 32
성적 허기짐 60, 61
성정주의性情主義 44
성체의 숙주 102
세계-간-나의 현존(la présence de l'être-soi-entre-monde) 146, 147
세계-간-존재(l'être-entre-monde) 147
소지沼地문화론 118
속견(doxa) 31, 164
송명이학 86, 106
순리順理 27, 36, 82, 83
순수지속 74
순염馴染 103

습벽習癖 132
습숙習熟 103
습합習合사관 117-119
습합욕망 99
습합화習合化 94, 98
시간적 광장공포증 127
시니피앙signifiant 57
시니피에signifié 57
시뮬라크르들simulacres 21, 107
신유목민 146
신의수적설神醫垂迹說 42
실용주의 진리관 139
실제공간(virtual space) 34, 35, 163
실제현실의 다리(real bridges) 63
실학實學 86, 107
심성(mentalité) 80, 114
심성사心性史(histoire des mentalités) 81, 114, 116
아고라의 무한확장 149
아날학파 79, 80, 81, 114-117
아리아드네Ariadne의 실마리 133, 166
아마테라스 오오미카미(天照大神) 119
애증병존愛憎竝存 100
양의성兩義性 26
언어의 지상권 소멸 151
언어중심주의 151, 168
에로스eros(생명력) 20
에피스테메(認識素) 46, 117, 126, 127
역리逆理 27, 28, 36

역사 없는 역사(histoire sans histoire) 83
역사가의 독백(monologue) 114
역사공식 79
역사를 위한 변명 81
역사소歷史素(historeme) 72, 82, 88, 115, 116, 121
역사에 대한 의지(volonté de histoire) 72
역사의 긴장도 72
역사의 백미百媚 67
역사적 피로도疲勞度 84
역사적 히스테리 141
역치閾値 71, 72, 81-84
영원회귀 100
예지적 판단(precognition) 84
예후(prognosis) 77, 82-88
오리엔탈 매니아 98
와카론(和歌論) 43
완전한 공존 156
외유내야外儒內耶 94
욕구(besoin) 13, 61, 19
욕동(pulsion) 19
욕망(désir) 19-34, 37-63, 66, 69-78, 92-97, 101, 103, 109-114, 120, 137, 138, 140, 144-149, 158-162
욕망의 경유지 106
욕망의 로고스화 39-44, 57
욕망의 배설 38
욕망의 주체화 18
욕망의 지향성 56, 57, 73
욕망의 통사通史 53

욕망의 파토스화 44, 64
욕망의 플랫폼platform 13, 57, 64
욕망이동 52, 97, 106, 120, 137, 148, 160
욕망이동사 53, 54
욕망하는 방법 18, 55
욕망하는 존재l'être désirant 13, 39, 158
우산형 네트워크 113, 134
우산효과(an umbrella effect) 132
원계기原契機 92
원망충족적願望充足的 60
원조주의적 91
원초적 어머니(la Mère archaïque) 157
원향주의적 91
위반違反 51, 52, 82, 88, 91
유기론唯氣論 47
유목민(nomade) 30, 59, 155, 156, 157
유목민주주의(nomadic democracy) 167
유물론唯物論 47
유비쿼터스적 111
유적類的 통섭統攝 140
유학유전사儒學遺傳史 130
융합(convergence) 97, 118, 135, 136, 144, 146-148, 152, 156, 162, 163, 165
융합공간 34, 136
융합기술 152, 154
융합다리들(convergent bridges) 34

융합문화 35
융합문화학 164
융합세계 136
융합인간화 35
융합적 사유방법 154
융합주의 164
융합현실 90, 112, 135, 144-149, 152, 154, 164
의미론적 유사성 103
의사소통 네트워크 135, 167
의사소통의 합리성 151
의존욕망 127, 131
의지결정론 36
이가화異價化 78
이견화異見化 78
이기적 유전자(the selfish gene) 165
이동욕망 30-35, 54, 137, 145, 148, 149, 157-161, 165, 168
이성의 거세 109
이성지향적 방법 57, 73
이성지향적 욕망 57, 58, 62, 64, 65, 76, 120
이율배반적 35, 75
이의어異義語 26
이화異化현상 26
인공지능 다리들(intelligent bridges) 34
인도애호가(Indian philia) 98
인물성동이론人物性同異論 32
인식론적 균열 107
인식론적 단절 107, 127
인식방법의 횡단성 149

인식원認識原 92
인식으로서의 역사(historia rerum gestarum) 121
인터페이스 34, 112, 113, 121, 126, 136, 137, 148, 152-155, 162, 163, 165
인터페이스 테크놀로지 134, 154, 162
인터페이스interface 118
임장성臨場性 167
자가발생적 127
자생적(autogène) 127, 130, 132
자유의지론 36
작용인作用因 23, 36, 71, 72, 78
작은 이야기들 111
잠재적潛在的 83
잠재적 인자형(génotype) 19, 48
잠재적 작용인 72
잠재적 텍스트(génotexte) 21
잡거적 습합성 118
전조前兆 88
전체사적 방법 117
정주적 플랫폼 145
제일 원리 96
제일의 운동자 95
조리條理의 방법 45
조망욕구 89
조선실학파 107
존재방식의 횡단성 149
존재의 개시 103
존재인存在因 92
종결 숙주 102
주기론主氣論 47

주리설主理論 47
주체적 개별횡단 149
주체화 18, 19
중간 숙주(intermediary host) 102
중국매니아(sino-mania) 94
중국예찬론 98
중국필리아(sino-philia) 94
중체서용中體西用 104
중층적重層的 53, 88, 123, 124, 144
중층적重層的 결정(surdétermination) 37, 123
중층적 습합 53
중화성인론 42
중화성인中華聖人 신앙 86
즉자卽自(en-soi) 20, 21, 32
지구적 다리놓기(global bridges) 34
지구체설地球體說 105
지금, 그리고 여기에(hic et nunc) 136
지배적 원인(cause dominante) 88
지적 파이프 라인 105
지知에 대한 의지(volonté de savoir) 23, 32, 58, 60
지평융합 64, 153
진리(aletheia) 31, 117, 139
진여眞如 142
진원인眞原因 93, 94
질측통기론質測通幾論 105
집단적 리비도 132
집단지성 149, 150, 151
징후(symptom) 73-78, 81-88

차가운 역사 80
차연(différance) 109
창조적 반역 106
처녀인구집단(virgin population) 29
천손강림설天孫降臨說 32
천인합일天人合一 32
천황제 절대주의(Kaiserlicher Absolutismus) 131
천황종가론 119
철학 콘텐츠 89
철학망원경 90
철학의 노동자 85
철학의 머리 절단하기 109
철학의 종언 108
철학적 구토 109
철학적 플러스 울트라(plus ultra of philosophy) 163
체력의 외재화 30
초세속적 진보사관 121
초언어(la surlangue) 151
초인(Übermensch) 100
총체적 소생 115
최소 자극값 71
치료의 역사학(histoire de la thérapie) 80
치료적(thérapique) 79
카오스 이론 115
카오스모스적(chaosmotique) 150
카오스chaos 상태 25
칵테일 통(cocktail shaker) 140
콘텐츠학(science of contents) 89, 115

타나토스thanatos(죽음 충동) 20
타자적 66
타자적 관점 66
탈구축(déconstruction) 108, 150
탈신체적 149
탈영토화 144
탈원본적 91
탈중심적 하이퍼 제국 145
태극太極 32, 95
태허太虛 95
통각작용(apperception) 18
통섭通攝 34, 38, 113, 136, 137, 144, 146-150, 168
통섭通攝공간 146
통섭統攝 교의 139
통섭統攝 세계관 143
통섭統攝욕망 142
통섭統攝 이데올로기 137
통섭인通攝人 146, 147
통섭적統攝的 23, 138, 149
통섭적通攝的 73
통섭적通攝的 융합주의 164
통섭적通攝的 이동 149
통섭적統攝的 통리統理 85
통섭通攝하는 다중多衆 168
통시적通時的 31, 52, 53-55, 58, 59, 64, 65, 117, 121-124, 127, 128
통시적 종단성 63
통일과학(unified science) 139
통합 강박증 141
통합욕망 137
파롤parole 57

파열의 징후 78
파종한다(disséminer) 16
판단중지(epochē) 36, 70
팡글로스주의(Panglossisme) 45
폐소공포증(claustrophobia) 144
포스트모더니즘 141, 142
포스트-해체주의 150
포월包越 34, 37, 38, 164
풍토결정론 118
프랑스 대혁명 84
프랙탈 네트워크fractal network 112, 166, 136
프랙토피아fractopia 144, 147
플러스 울트라 135, 147, 156, 161
플러스 울트라 공간 144
플러스 울트라 욕망 136
플러스 울트라의 세계 135
플러스 울트라의 세기(Ein Jahrhundert des plus ultra) 135, 136
하이퍼 브릿지hyper-bridge 162
하이퍼 텍스트 155
한문훈독법 41
한역서학서 105
합유책략合儒策略 94, 97
해방이야기들 110
해체욕망 109
해체주의 85, 108, 141
해탈(nirvana) 70
행위자agent 16, 81
현인신現人神 32, 33, 119
현인신론 43
현재적顯在的 80, 83

현전성의 중독 109
현전現前의 시스템 109
현존재(Dasein) 135, 146
형이상학의 파산선고 109
형이상학적 음모 109
혼천의渾天儀(Armillary sphere) 105
화광동진和光同塵 103
화담학파 47
화어주의華語主義 42
화혼양재和魂洋才 104
확장된 표현형(the augmented phenotype) 133, 135, 165
확장현실(erweiterete Realität) 113, 134, 136, 162
환상(māyā) 98, 99, 141, 155
환원주의적 통섭 137, 142
황교皇敎 119
황도론皇道論 44
황조신앙皇祖信仰 86
회전 우력偶力 68
회전공간 134
회전도시(une tournoyante cité) 134, 135, 151, 152
횡단공포증 166
횡단의 공학 152
힌두이즘Hinduism 100
힘에 대한 의지(volonté de pouvoir) 22, 42, 97